Thomas Eckerle

reiner **Zufall ?**

Deuten Sie Ereignisse aus Ihrem Leben
und gestalten Sie erfolgreich Ihre Zukunft

Bitte fordern Sie unser kostenloses Verlagsverzeichnis an:

Smaragd Verlag
In der Steubach 1
57614 Woldert (Ww.)
Tel.: 02684.978808
Fax: 02684.978805
E-Mail: info@smaragd-verlag.de
www.smaragd-verlag.de

Oder besuchen Sie uns im Internet unter der obigen Adresse.

Smaragd Verlag, 57614 Woldert (Ww.)
Deutsche Erstausgabe 2003
Cover: Böhm & Partner
Satz: DTP-Service-Studio, Rheinbrohl
Printed in Czech Republic
ISBN 3-934254-56-X

Thomas Eckerle

reiner **Zufall ?**

Deuten Sie Ereignisse aus Ihrem Leben
und gestalten Sie erfolgreich Ihre Zukunft

Smaragd Verlag

DER AUTOR

Thomas Eckerle, geboren am 09.09.1962 in Konstanz. Der studierte Diplom-Betriebswirt beschäftigt sich seit 1986 mit der Astrologie. Er ist als freier Unternehmensberater und als Drehbuchautor tätig. In seiner ganzheitlich ausgerichteten Praxis führt er Beratungen und Seminare durch.

Kontaktadresse:

www.zufallsereignis.de

INHALT

DANKSAGUNG

Meiner Frau Monika danke ich für ihre liebevolle und aktive Unterstützung meiner Arbeit. Bei Felix und Alexandra möchte ich mich für ihr Verständnis und ihre Geduld bedanken, die sie ihrem Vater entgegenbrachten.
Besonderen Dank an meine Klienten, die mir ihr Vertrauen geschenkt haben und ohne die dieses Buch hätte nicht entstehen können.

VORWORT

Das Leben kann aufregend, abwechslungsreich und voller Spannung sein. Wir müssen nur bereit sein, mit offenen und wachsamen Augen die Ereignisse um uns herum zu beobachten. Den Zufällen auf den Grund gehen, lautet die Devise. Sie spiegeln unsere Hoffnungen und Wünsche, aber auch unsere Ängste wider. Ereignisse sind die Auswirkungen unseres Denkens und Handelns. Wir selbst erschaffen uns tagtäglich Vergangenheit, Gegenwart und Zukunft. Wir selbst haben es in der Hand, in unser Leben einzugreifen und unser Schicksal zu gestalten. Aber wir müssen bereit dafür sein.

Dieses Buch wird nicht nur Ihr Denken, sondern Ihr ganzes Leben positiv verändern. - Jetzt, in diesem Augenblick, in dem Sie diese Zeilen lesen, legen Sie den Grundstein für ein ausgefülltes und glückliches Dasein. Sie glauben mir nicht? - Dann überzeugen Sie sich selbst und lesen Sie es.

Meine im Buch gemachten Schilderungen und Ausführungen verstehen sich nicht als Besserwisserei oder der Weisheit letzter Schluss, vielmehr fordern sie uns auf, aus unserem Dornröschenschlaf zu erwachen. Mag sein, dass Sie einige Erklärungen nicht auf Anhieb verstehen, sogar manches als Unsinn abtun, und doch bitte ich Sie, offen und unvoreingenommen an das Thema heranzugehen. Sie erhalten die Chance, mehr aus Ihrer Existenz zu machen.

Der erste und zweite Teil des Buches ist eine Einführung in ein Denksystem, das Ihre bisherige Lebensanschauung möglicherweise auf den Kopf stellt. Der dritte Abschnitt zeigt Beispiele aus meiner Beratungspraxis, die Namen der betreffenden Personen wurden abgeändert. Der letzte Teil des Werkes besteht aus einem Nachschlagewerk. Dieses beinhaltet Deutungsvorschläge für eine Vielzahl von Ereignissen. Sie können es gut einsetzen, wenn Sie bestimmte Ereignisse und Zufälle nicht nur aus rein rationaler Sicht hinterfragen wollen.

Falls Sie bestimmte Aussagen nicht begreifen oder nachvollziehen können, geben Sie nicht gleich auf. Legen Sie das Buch beiseite und holen sie es zu gegebener Zeit wieder hervor. Alles hat seine Zeit und Sie selbst sollten sich diese ebenfalls zugestehen. Die

Wahrheiten, die dieses Buch vermittelt, sind einfach, vielleicht zu einfach für eine Welt, in der technische Errungenschaften über alles gestellt werden, sogar über den Menschen selbst. Sie können sich jederzeit von der Richtigkeit der gemachten Aussagen überzeugen, indem Sie Ereignisse aus Ihrem Leben mit Hilfe dieses Buches analysieren. Die Klarheit und Einfachheit dieser Methode dürfte Sie verblüffen und zugleich motivieren.

Beginnen Sie am besten sofort mit der Lektüre, denn Ihre Zeit ist reif. Nehmen Sie Ihr Schicksal an die Hand und zeigen Sie ihm, wo es langgeht.

Thomas Eckerle

EINFÜHRUNG

Im allgemeinen benützen wir das Wort Zufall für einen Vorfall, der uns scheinbar aus heiterem Himmel trifft. Die eigentliche Ursache für das Vorkommnis bleibt uns meist verborgen, während wir lediglich den Hergang des Geschehens nachvollziehen können.

Stellen Sie sich vor, Sie fahren mit dem Auto auf einer abgelegenen Landstraße. Seit einigen Minuten ist Ihnen kein Gegenverkehr mehr entgegengekommen. Sie lassen Ihre Gedanken in die Ferne schweifen. Vor Ihnen taucht eine Kuppe auf, die Ihnen die Sicht auf den weiteren Verlauf nimmt. Durch das Beobachten der Landschaft sind Sie versehentlich mit dem Auto zu weit nach links auf die Gegenspur geraten. Auf der Höhe der Kuppe taucht plötzlich ein Motorrad auf und stößt frontal mit Ihrem Auto zusammen. Der Fahrer des Zweirads erleidet schlimme Verletzungen. Sie machen sich schwere Vorwürfe und fragen sich immer wieder, warum es zu diesem schrecklichen Unfall kam Warum musste just in diesem Augenblick der Motorradfahrer ebenfalls die Höhe der Kuppe erreichen? Eine Sekunde früher oder später und der Unfall wäre nicht passiert.

Wir können uns dieses tragische Geschehen nicht anders erklären, als dass der Zufall seine Finger im Spiel hatte. Nicht wir sind verantwortlich für die schreckliche Tragödie, sondern der böse Zufall ist Schuld. Der Zufall ist also verantwortlich, dass diese zwei Hauptakteure *zufällig* miteinander zusammengestoßen sind. Schließlich hätte es jeden von uns treffen können? - Nein. Es hat genau die Personen getroffen, die den Unfall verursacht und zu verantworten haben. Verursacht im Sinne, dass sie in der Vergangenheit durch ihr Handeln und Denken den Unfall auslösten.

Das Wort Zufall bedeutet, dass jemandem etwas zufällt, jemandem etwas zugeteilt wird, jemandem etwas zugute kommt. Und dieser jemand sind Sie, nicht Ihr Nachbar oder Ihr Kollege. Sie hat das Schicksal ausgewählt und nicht sonst irgendeine Person. Und das hat immer seinen guten Grund, wie wir später noch sehen werden. Indem wir dem Zufall das Geschehene in die Schuhe schieben, scheinen wir einen Vorteil für uns zu ziehen. In Wahrheit ist genau das Gegenteil der Fall. Wir befreien uns nicht von der Schuld, sondern wir liefern uns einer Willkür aus, die uns permanent verunsichert und schwächt.

Das Synomym für Zufall ist das Wort Ereignis. In diesem Buch werden beide Begriffe mit identischer Bedeutung verwendet. Denken Sie um! Vergessen Sie, dass mit Zufall im Allgemeinen ein unvorhergesehenes Ereignis bezeichnet wird. Vielmehr besteht ein unmittelbarer Zusammenhang zwischen Ihnen und dem Ereignis.

TEIL I

ZUFÄLLE ERKENNEN UND DEUTEN

Sechs Richtige - ein häufiges Erlebnis

Vor Jahren traf ich in Paris *zufällig* eine alte Jugendfreundin wieder, die ich seit Jahren aus den Augen verloren hatte. In einer unbedeutenden Seitenstraße lief sie mir genau in die Arme. Ursprünglich hatte ich überhaupt nicht vor, in diese Stadt einen Abstecher zu unternehmen, geschweige denn in diese Gegend, fernab von den üblichen Touristenattraktionen. Tausende Kilometer entfernt von unseren Heimatorten trafen wir uns ausgerechnet in dieser fremden Stadt. Wir unterhielten uns angeregt über vergangene Zeiten und vereinbarten ein baldiges Wiedersehen. Dieses könnten wir getrost wieder dem Zufall überlassen, denn laut Wahrscheinlichkeitsrechnung müssten wir uns vermutlich alle paar Millionen Jahre *zufällig* wieder in Paris, genau in dieser Straße und zu dieser Uhrzeit begegnen. Aufgrund unserer begrenzten Lebensdauer werden wir vermutlich nicht darauf warten, sondern zum Telefon greifen, falls wir mit der betreffenden Person kommunizieren wollen. Oft sind uns die eigenen Wünsche nicht bewusst. Doch senden wir offensichtlich Impulse aus, die der Erfüllung dieser Wünsche dienlich sind. Genau wie sie in meinem Fall das Treffen mit der Bekannten herbeigeführt und ermöglicht haben.

Das o. g. Beispiel ist nicht außergewöhnlich, denn solche Ereignisse gibt es zuhauf. Sie passieren täglich, stündlich, vielleicht sogar jetzt in diesem Augenblick in unserer unmittelbaren Umgebung. Leider nehmen wir solch *unwichtige Zufälle* nicht oder nur kaum zur Kenntnis. Viele Ereignisse verdienen es aber, dass wir uns mit ihnen beschäftigen. Jedes einzelne von ihnen will uns etwas sagen, etwas mitteilen und aufzeigen, was wir vielleicht in unserem Leben bislang übersehen haben.

Sie kennen vermutlich das berühmte Beispiel von dem Affen, der *zufällig* die gesamte Bibel fehlerfrei auf einer Schreibmaschine tippt. Der Mathematiker errechnet hierfür eine Wahrscheinlichkeit, die außerhalb unserer Vorstellungskraft liegt. Vernünftigerweise glauben wir, dass der Fall niemals eintreten wird. Nehmen wir einmal an, das Unmögliche passiert und der Affe schreibt die Bibel fehlerfrei ab. In diesem Fall wird niemand von uns sagen, dass dies ein Zufall war. Vielmehr machen wir uns auf die Suche, um herauszufinden, wie der Affe das Kunststück fertigbrachte. Stammt der Affe womöglich aus einem Genversuch? Ist er gelenkt worden? Oder ist es ein genialer Zaubertrick, den uns ein Magier vorgaukelt?

Der Affe mit der Schreibmaschine begegnet uns mehrmals in der Woche und wir nehmen ihn nicht wahr. Wir sprechen in diesem Zusammenhang von Versehen, Zufall, Glück und ähnlichem Unfug, obwohl uns die Wahrscheinlichkeitsrechnung eines besseren belehrt. Soviel Glück kann es rechnerisch gar nicht geben. Vergleicht man es mit dem Zahlenlotto, so hätten wir mindestens einmal pro Woche sechs Richtige. Logischerweise müssten wir den Schluss ziehen, dass die Zufälle mit voller Absicht in unser Leben treten, um uns auf etwas hinzuweisen. Zum Beispiel unser Leben in diesem oder jenen Punkt zu ändern.

Es gibt so viele Ereignisse, die in uns Ungläubigkeit und Erstaunen hervorrufen. In Zeitschriften lesen wir von Menschen, die dreimal im Leben vom Blitz getroffen worden sind. Das Fernsehen berichtet von Zwillingen, die erst nach fünfzig Jahren von des anderen Existenz erfahren haben, weil sie sich *zufällig* auf einer Reise begegnet sind. Wir hören diese Geschichten und fragen uns, wieso passiert das immer den anderen und nicht mir.

Einspruch - jeder von uns erlebt täglich Außergewöhnliches. Für viele mag dies bereits ein freier Parkplatz in der City sein, für andere erst die sechs Richtigen im Lotto. Wir müssen lernen, die Zeichen zu erkennen und unsere Wahrnehmung zu schulen. Im Alltag geschehen eine Vielzahl "kleinerer" *Zufälle*, die mit Sicherheit wichtige Botschaften für uns beinhalten. Diese Ereignisse sind Chancen für uns, die wir nützen müssen. Gelingt uns dies, schlagen wir den Weg zu einem erfüllten und erfolgreichen Dasein ein. Unser Leben wird sich zunehmend verbessern, auf der geistig-seelischen Ebene wie auch auf der materiellen. Falls Sie das nicht wünschen, sollten Sie weiterhin an den Affen glauben, der *zufällig* die Bibel abtippt.

Leitgedanken

Zufälle und Ereignisse treffen den entsprechenden Menschen mit voller Absicht und keineswegs versehentlich. Sie sind die Resultate aus unserem Denken und Handeln. Botschaften können mit Hilfe von Ereignissen an uns übermittelt werden. Auch scheinbar unbedeutende Erlebnisse können eine durchaus wichtige Rolle spielen.

Wir müssen Ereignisse als Chancen auffassen, die uns den Weg zu einem erfüllten und erfolgreichen Dasein aufzeigen.

Das Brett vor unserem Kopf

Stellen Sie sich vor, Sie gehen mit verbundenen Augen durch den Wald, auf der Suche nach einem riesigen Goldschatz. In die Bäume sind Zeichen eingeritzt, die Ihnen den Weg zum Ziel weisen. Blind wie Sie sind, stoßen Sie sich den Kopf an den Bäumen an, stolpern über Wurzeln, versinken im Morast und fürchten sich vor fremdartigen Geräuschen, die an Ihr Ohr dringen. Nachdem Sie tagelang ergebnislos umhergeirrt und halbverhungert sind, finden Sie aus dem schrecklichen Wald heraus. Einerseits sind Sie froh, mit dem Leben davon gekommen zu sein, andererseits fühlen Sie sich traurig, weil Sie den Schatz nicht gefunden haben.

Ein Bauer, der *zufällig* entlang des Weges kommt, wird auf Sie aufmerksam. Sie erzählen ihm, wie es Ihnen im Wald ergangen ist. Am Ende fragt er Sie, warum Sie die Binde vor Ihren Augen nicht abgenommen haben, bevor Sie sich auf die Suche nach dem Schatz machten. Erstaunt antworten Sie, dass Ihnen das nicht eingefallen sei. Sie nehmen die Binde ab, blinzeln ungläubig in die Sonne und entdecken plötzlich am Waldesrand den Schatz.

So dumm kann man doch nicht sein, sagen Sie jetzt vielleicht. Bedauerlicherweise ist das ein großer Irrtum. Wir rennen mit Scheuklappen durchs Leben, stolpern blind durch den Alltag, immer auf der Suche nach dem großen Glück. Die Ereignisse und Zufälle in Ihrem Leben gleichen den markierten Bäumen, die Ihnen den Weg zum Glück weisen. Sie müssen lediglich die Binde vor Ihren Augen wegreißen und sehen, in welche Richtung sie zeigen. Bis Sie den Schatz gefunden haben, ist es dann nur noch eine Frage der Zeit.

Betrachten Sie ein Ereignis unvoreingenommen und mit offenen Augen. Hören Sie auf das, was Ihnen Ihre innere Stimme mitteilen will. Oftmals erhalten Sie hier den Hinweis auf die eigentliche Thematik, welche sich hinter dem Geschehenen verbirgt. Ich erkläre Ihnen dies anhand der Schilderung eines meiner Klienten.

Paul K. arbeitete in einer Computerfirma als Informatiker und fühlte sich seit Jahren unzufrieden. Er verspürte seit längerem den Wunsch, die Stelle zu wechseln. Paul hatte das Gefühl, sich bei seiner bisherigen Tätigkeit nicht voll entfalten zu können und dass seine Belange nicht berücksichtigt wurden. Aus finanziellen Gründen und einem starken Sicherheitsbedürfnis heraus konnte er sich jedoch nicht dazu entschließen, seine Idee in die Tat umzusetzen. Immer wieder zögerte er eine längst fällige Entscheidung hinaus.

Paul kam in meine Praxis und fragte mich, ob er kündigen solle. Mir fiel auf, dass seine linke Hand in Gips war. Er hatte sich vor kurzem bei einem Autounfall den Finger gebrochen. Ich bat ihn, mir den *dummen Zufall*, wie er ihn nannte, so genau wie möglich zu schildern.

Paul fuhr wie gewöhnlich mit dem Auto zur Arbeit. An einer Kreuzung hielt ein anderes Auto und wartete. Kurz bevor Paul auf dessen Höhe war, bewegte sich dieses in die Kreuzung hinein, zu spät, um noch auszuweichen. Frontal stießen beide Fahrzeuge zusammen. Pauls Fahrzeug wurde durch die Wucht des Aufpralls um neunzig Grad gedreht. Paul erlitt ein Schleudertrauma und brach sich den Finger der linken Hand. Der Unfallverursacher sagte später im Polizeiprotokoll aus, Pauls Fahrzeug nicht bemerkt zu haben.

Ich fragte ihn, was sein erster Gedanke nach dem Unfall war. Er antwortete, dass er nun nicht mehr zur Arbeit müsse.

Jeder vernünftige Mensch würde sagen, zwischen dem Wunsch, die Stelle zu kündigen und dem Autounfall bestünde absolut kein Zusammenhang. Paul selbst hat jedoch sofort intuitiv die Verbindung zu seiner Arbeit hergestellt. Die Thematik der beruflichen Veränderung wird durch das Ereignis direkt angesprochen. Analysieren wir den Unfallhergang, erhalten wir eindeutig die Antwort darauf, was Paul tun sollte. Der Unfall ereignete sich auf dem Arbeitsweg und keineswegs auf irgendeiner Vergnügungsfahrt. Durch den Aufprall wurde Pauls Fahrzeug in eine andere Richtung gelenkt. Diese aufgezwungene Abkehr von der gewohnten Route können wir als sicheren Hinweis interpretieren, dass er seine (Aus-)Richtung künftig ändern sollte. Betrachten wir nun Pauls Verletzungen. Die Hand ist ein Symbol für das *Handeln*, deshalb auch der Name. Der gebrochene Finger ist ein *Fingerzeig* im wahrsten Sinne des Wortes, ein Wink mit dem Zaunpfahl sozusagen. Der Bruch stellt den tiefen Wunsch nach Veränderung dar. Verhalten wir uns starr und unnachgiebig, muss es zwangsläufig zu einem Bruch mit der bisherigen Routine kommen, damit alte Strukturen aufbrechen und Neues entstehen kann.

Was würden Sie Paul nach dieser Analyse empfehlen? - Genau, die Entscheidung nicht länger hinauszuzögern und die Stelle schnellstens zu kündigen. Diesem Ratschlag ist Paul gefolgt und erhielt kurze Zeit später die Arbeitsstelle, die er sich schon immer gewünscht hatte.

Leitgedanken
Gehen Sie mit offenen Augen durchs Leben. Betrachten Sie Ereignisse und Zufälle stets unvoreingenommen.

Die ersten Gedanken und Empfindungen während oder unmittelbar nach einem Geschehen weisen auf die eigentliche Thematik hin.

Nehmen Sie sich die Freiheit und seien Sie bewusst unvernünftig. Anders zu denken, ist kein Luxus, vielmehr eine Notwendigkeit und ein großer Vorteil.

Der Sturm im Wasserglas

Falls wir nun jeden kleinen Vorfall zu deuten versuchen, werden wir ziemlich rasch die Übersicht verlieren. Andererseits können unscheinbare Ereignisse eine bedeutende Rolle spielen. Es müssen nicht immer gleich Schicksalsschläge wie Unfall, Krankheit, finanzieller Verlust, sein, die uns wachrütteln sollen. Im Gegenteil, am Anfang werden es die kleinen Zeichen sein, die uns auf etwas hinweisen wollen. Erkennen wir das dahinter liegende Thema und nehmen wir es an, haben wir das Ziel erkannt und benötigen keine weiteren Denkanstöße. Verschlafen wir aber die Zeichen der Zeit, werden diese entsprechend stärker. Nach dem Motto: "Wollen wir nicht hören, müssen wir fühlen". Schicksalsschläge stellen immer eine Art Korrektur dar. Dies geschieht etwa nicht aus Böswilligkeit, uns zu schaden, sondern vielmehr aus dem Grund, uns wieder auf den richtigen Pfad zu führen, auf unseren persönlichen Weg zu Zufriedenheit und Glück. Weil wir auf grausame Schicksalsschläge und deren Folgen lieber verzichten möchten, sollten wir uns nach Möglichkeit sehr wohl der kleinen Fingerzeige im Leben annehmen.

Stellen Sie sich vor, Sie sitzen am Tisch und hängen Ihren Gedanken nach. Versehentlich stoßen Sie ein Glas um. Der Inhalt erstreckt sich auf den Tisch und auf Ihre Hose. Sie ärgern sich über Ihre Schusseligkeit, zumal bei Ihnen bereits am Morgen Zahnpasta auf der Hose gelandet ist. Diese konnten Sie mit Wasser erfolgreich entfernen. Nun bleibt Ihnen aber nichts anderes übrig, als dieselbige zu wechseln. In den Taschen des neuen Kleidungsstückes entdecken Sie *zufällig* einen Notizzettel mit der Telefonnummer eines Maklers. Sie entschließen sich, diesen spontan anzurufen, um sich zu erkundigen, ob er nicht doch noch eine passende Wohnung für sie gefunden hat. Schließlich suchen Sie bereits seit Monaten nach einem schönen Zuhause für sich und Ihren Partner. Bei Ihrem Anruf teilt Ihnen der Makler mit, dass just in diesem Augenblick ein Angebot hereingekommen sei. Preis, Lage und Ausstattung ist genau, wie sie es erhofft hatten. Sie sind der erste Interessent und erhalten prompt die Wohnung. Ohne das umgestürzte Wasserglas wäre Ihnen der lang ersehnte Wunsch versagt geblieben.

Nun sollten wir nicht hinter jedem verschütteten Glas gleich eine freudige Überraschung vermuten. Es gilt vielmehr darum, kleine Ereignisse in einen Zusammenhang zur eigenen Person zu bringen und darauf zu reagieren. Im Nachhinein erkennen wir relativ einfach die Ereigniskette, die zu dem Anruf führte. Zahnpasta auf der Hose reichte zum Wechsel der Kleidung nicht aus. Folglich musste das Glas ausgeschüttet werden, um endgültig die Hose zu verderben. Beim Anziehen der neuen Klamotten wird die Telefonnummer des Maklers entdeckt. Und nun kommt der entscheidende Moment: Der Betreffende hört auf seine Intuition und ruft den Makler an. Genauso gut hätte er auch den Zettel wegwerfen und die Sache mit der Wohnung auf sich beruhen lassen können.

Es geht also nicht darum, jeden noch so kleinen Vorgang zu analysieren, obwohl natürlich allem eine Bedeutung zukommt, vielmehr darum, unterschiedliche Begebenheiten mit gleicher Aussage mit unserem Tun oder Nichttun in Verbindung zu bringen. Es gilt, eine Ereigniskette aufzubauen, die für uns Sinn macht und aussagekräftig ist. Jeder Mensch hat eine angeborene Fähigkeit, nennen wir sie ruhig Intuition, bestimmte Schlüsselereignisse zu identifizieren und daraus Handlungen abzuleiten.

Leitgedanken

Nicht nur die großen Schicksalsschläge sind für uns von Wichtigkeit, sondern auch kleine Geschehnisse. Deren Vielzahl darf uns aber nicht den Blick für das Große und Ganze versperren.

Auch unscheinbare Ereignisse sind Hinweise, unsere Aufmerksamkeit auf dieses oder jenes Thema zu richten.

Mehrere Ereignisse mit der gleichen Aussage ergeben eine Ereigniskette, die eine unmittelbare Bedeutung für die eigene Person enthält.

Dank unserer inneren Stimme können wir aus Zufällen Handlungen ableiten, die uns zahlreiche Chancen eröffnen.

Wissen ist Macht

Bisher haben wir uns mit dem Erkennen von Ereignissen beschäftigt. Ohne Erkennen des Ereignisses und seiner Bedeutung für uns würden wir uns kaum damit auseinandersetzen. Diese Grundvoraussetzung bildet den Ausgangspunkt, nützt uns aber herzlich wenig, wenn wir den Zufall nicht verstehen. Denken wir nochmal zurück an das Beispiel mit dem Notizzettel in der Hosentasche. Im Nachhinein fällt es uns nicht schwer, die Verbindung vom Wasserglas zur Telefonnummer bis hin zur Wohnung zu sehen. Wir sprechen in diesem Fall von einem glücklichen Zufall.

Ganz anders dagegen das Beispiel mit Paul Ks Autounfall. Den Zusammenhang zwischen Crash, gebrochenem Finger und der damit verbundenen Aufforderung zur Kündigung der Arbeitsstelle zu erkennen, macht uns schon eher Probleme. Woran liegt das? - Heutzutage sind wir es gewohnt, kausal-linear zu denken. In Bezug auf das Beispiel denken wir ungefähr folgendermaßen: der Unfallgegner hatte Paul übersehen und ihm die Vorfahrt genommen. Dieser konnte nicht mehr rechtzeitig bremsen, weil er bereits zu dicht dran war. Folglich führte dies zum Zusammenstoß. Der Verkehrsteilnehmer, der die Vorfahrt missachtete, trägt die Alleinschuld und ist für alle Folgeschäden verantwortlich. Damit ist für uns im Regelfall die Sache erledigt. Wenn wir aber das analoge Denken heranziehen, erhalten wir weiteren Aufschluss über das vorliegende Ereignis.

Analoges Denken bedeutet, in Analogien zu denken, von oben nach unten. So könnte z. B. im Extremfall zwischen dem Bruch einer Kaffeetasse und dem Bruch einer Ehe ein Zusammenhang bestehen. Der Bruch der Kaffeetasse könnte darauf hindeuten, dass die Partnerschaft Sprünge aufweist oder bereits in die Brüche gegangen ist. Nun sollten wir nicht gleich Angst haben, dass unsere Partnerschaft vor dem Ende steht, nur weil uns etwas im Haushalt kaputtgeht. Das wäre natürlich blanker Unfug. Die Form muss immer mit dem Inhalt übereinstimmen. Im Klartext heißt das, dass auch entsprechende Gründe vorliegen müssen, die diese Schlussfolgerung zulassen.

Analoges Denken gerät heutzutage immer mehr in unser Bewusstsein, während linear-kausales Denken an Bedeutung verliert.

Die Wissenschaft und ihr Bedürfnis, alles erklären zu wollen, ist für den ganzheitlichen Menschen unbefriedigend, weil sie für die Fragen des Lebens nur unzureichende Antworten parat hat. Zu Anfang wird Ihnen vielleicht das Denken in Analogien Schwierigkeiten bereiten, je öfter Sie jedoch Zufälle und Ereignisse aus Ihrem Leben mit Hilfe dieses Denksystems untersuchen, desto leichter fällt es Ihnen. Sie können Vorfälle unter anderen Blickwinkeln sehen und gelangen zu überraschenden Erkenntnissen. Ihr Leben und Schicksal ist nicht länger eine undurchsichtige Aneinanderreihung von wirren Puzzleteilen, sondern ergibt ein klar erkennbares Gebilde. Sie erkennen wesentliche Zusammenhänge, die Ihnen bisher verborgen geblieben sind.

Leitgedanken

Zufälle müssen wir nicht nur erkennen, sondern hinterfragen und verstehen.

Das linear-kausale Denken allein ist für unser Leben nicht ausreichend. Vielmehr müssen wir analoges Denken hinzuziehen, um zufriedenstellende Antworten auf unsere Fragen zu erhalten.

Zufall Krankheit

Die Lehre von der Krankheit als Chance findet unter der Bevölkerungen immer mehr Zuspruch. Uns wird bewusst, dass ein Knochenbruch etwas mit Unnachgiebigkeit, mit Härte zu tun haben muss. Die Auslösung der Krankheit wird als Signal verstanden, auch in anderen Bereichen seine Unnachgiebigkeit zu überprüfen. Tun wir das, denken wir in Analogien. Wir analysieren bestimmte Krankheitssymptome und finden deren Ursachen in ungelösten Problemen oder in einer nicht in unser Leben integrierten Thematik. Die wissenschaftliche Betrachtung, wie die Krankheit letztendlich zustande kommt, interessiert uns dabei weitaus weniger.

Die Krankheit, z. B. Krebs, trifft uns immer mit voller Absicht. Sie manifestiert sich auf der körperlichen Ebene, weil wir im geistig-seelischen Bereich einen Konflikt nicht gelöst haben. Lösen wir das eigentliche Problem, führt es zu einer Heilung unserer Person. Auf dem Gesundheitssektor fällt es uns leichter, die Verantwortung für unser Tun und Denken zu übernehmen. Warum sollen wir bei dem Thema Krankheit aufhören? Können wir diese Prinzipien und Gesetzmäßigkeiten nicht auch auf andere Bereiche, wie z. B. Partnerschaft, Beruf, übertragen?

Bei einem Vortrag eines in der Öffentlichkeit sehr bekannten Referenten fiel mir dies einmal mehr auf. Der Redner sprach von Krankheitssymptomen und ihren Ursachen. Er bildete Analogien, von der Krankheit zu Lebensbereichen, die absolut einleuchtend und überzeugend waren.

Aufgrund einer Frage aus dem Publikum kam er auf den Finanzbereich zu sprechen. *Zufällig* gewonnenes Geld sei negativ, weil es einem von der geistigen Entwicklung abhalten würde. Außerdem könnten die meisten Menschen mit diesem Geldsegen nicht umgehen und verlieren es in kürzester Zeit. Wie konnte der Referent, ein ausgezeichneter Rhetoriker, der einen vortrefflichen Vortrag hielt, so etwas behaupten! Eben noch hatte er erklärt, dass das Ereignis Krankheit nicht versehentlich, sondern aus nicht gelösten Lebensthemen resultiert, jedoch ein Geldgewinn uns offenbar unabsichtlich aus heiterem Himmel trifft. Jeder Zufall und jedes Ereignis steht in enger Verbindung zu unserer Person, egal welchen Lebensbereich es betrifft. Das hört keinesfalls bei der Krankheit auf. Wo sollten wir denn die Grenze ziehen? - Ist ein Prinzip richtig und wahr, dann funktioniert es auf allen Ebenen und Gebieten. Natürlich verlieren einige Menschen ihr gewonnenes Vermögen, aber nicht, weil sie nicht damit umgehen können, sondern vielmehr weil sie geistig und seelisch nicht darauf vorbereitet sind bzw. sich sogar den Verlust unbewusst wünschen. Auf der materiellen Ebene vertrauen sie vielleicht einem Anlageberater, der sie *zufällig* übers Ohr haut. Dieser muss dann als Sündenbock herhalten. Der Anlageberater ist lediglich unser Erfüllungsgehilfe.

Um solche Ereignisse zu vermeiden, müssen wir dem Zufall auf den Grund gehen und die Lösung herausfinden. Welcher Zusammenhang besteht zwischen dem Betrug und der betrogenen Person? Der Gewinn oder der Verlust von Vermögen soll uns ebenso auf ein Thema hinweisen wie ein Krankheitssymptom. Das Denken in Analogien kann sehr wohl auf allen Lebensbereichen zu unserem Vorteil angewandt werden, auch auf dem finanziellen Sektor. Geld ist nicht schlecht, wie man uns oft weismachen will, sondern es ist neutral. Es kommt jedoch darauf an, was wir aus Geld machen und was wir damit verbinden.

Leitgedanken

Das analoge Denken kann auf allen Lebensgebieten angewandt werden. Es trägt zum Verständnis bei, welche Thematik durch den Zufall angesprochen wird.

Jedes Ereignis ist eine Art Symptom, das in enger Verbindung zu unserer eigenen Person steht.

Fallbeispiel: Der Computerabsturz

In den hier aufgeführten Fällen habe ich bewusst die Geschehnisse ausgewählt, die auf den ersten Blick unbedeutend scheinen. Aber es sind gerade die vielen kleinen Hinweise, die uns die Richtung vorgeben. Schwere Schicksalsschläge ergeben sich erst, wenn Signale von uns nicht oder nur unzureichend wahrgenommen werden. Dann kann es jedoch oftmals zu spät sein und ein irreparaler Schaden entsteht.

Einer meiner Klienten, ein Unternehmensberater, spekulierte häufig mit Aktien. Eines Tages erhielt er einen Tipp, dass ein bestimmter Aktienwert enorm steigen würde. Natürlich wollte er sich diesen Kursgewinn nicht entgehen lassen und die Aktien so schnell wie möglich kaufen. Als er wie immer seinen Auftrag online per Computer aufgeben wollte, erschien nicht wie sonst die Eingabemaske der Bank. Wie sich später herausstellte, hatte das Kreditinstitut kurz zuvor einige Änderungen vorgenommen, die zu dem besagten Fehler führten. Er versuchte es noch einige Male, bis es ihm schließlich gelang. Er gab seine Kontodaten ein und wollte gerade die Kauforder aufgeben, als sein Computer plötzlich abstürzte. Ziemlich genervt unternahm er einen weiteren Versuch. Das Resultat war das gleiche, der Computer stieg im entscheidenden Moment aus. Wer von soviel Pech verfolgt wird, sollte heute besser keine Geschäfte tätigen, dachte er sich und verzichtete auf den Kauf der Aktien. Ein Stunde später hörte er in den Nachrichten, dass das Unternehmen völlig überraschend Insolvenz angemeldet hatte. Der Kurs der Aktie fiel daraufhin ins Bodenlose. Mein Klient hätte ein kleines Vermögen verloren. Der Absturz des Computers wies unmittelbar auf den sinkenden Aktienkurs hin.

Der *Zufall* ereilte ihn glücklicherweise gerade noch rechtzeitig. Dank seiner Intuition, den Kauf nicht mehr vorzunehmen, blieb mein Mandant von einem finanziellen Verlust verschont. Er hatte die Wahl, seine Kaufentscheidung stur durchzusetzen oder den Computerabsturz als eine Warnung und zugleich Chance zu erkennen.

Das Geheimnis hinter dem Zufall

Wie wir inzwischen erfahren haben, verbirgt sich hinter jedem Ereignis eine an uns gerichtete Botschaft. Solange die Aussage einfach und nachvollziehbar ist, haben wir keine Mühe, diese zu erkennen. Im Falle des Computerabsturzes lautete sie, "kaufe diese Aktien nicht". Leider können wir nicht immer hinter jedem Zufall die eigentliche Thematik auf Anhieb erkennen. Folglich sehen wir keinen Anlass, uns dieser anzunehmen, indem wir unser Verhalten, Denken und Tun ändern. Als Folge mehren sich unterschiedliche Ereignisse, die jedoch die gleiche Aussage beinhalten. Hätte der Unternehmensberater z. B. dem Vorfall keine Bedeutung zugemessen, wäre ihm als Steigerung ein Sturz widerfahren. Beide Vorkommnisse stehen in keinem kausalen Zusammenhang und doch sagen sie aus, dass die Aktienwerte besser nicht erworben werden sollen. Solche Analogien erleben wir häufig im täglichen Leben und sie wiederholen sich permanent. Dabei spielt es keine Rolle, ob es sich um einfache oder komplexe Themen handelt. Das Prinzip ist immer das gleiche. Erkenne die Ereignisse, dann erkennst du auch die dahinter liegende Problematik, handle entsprechend und löse sie auf.

Bei der Betrachtung von Ereignissen aus der Vergangenheit können wir also gut feststellen, mit welchen Lebensthemen wir immer wieder konfrontiert werden und inwieweit wir diese bereits in unser Leben integriert haben oder auch nicht. In der Regel laufen wir immer wieder in das gleiche Fettnäpfchen hinein. Es sind immer die Probleme, die uns schon seit Jahren verfolgen und uns daran hindern, ein erfolgreiches und zufriedenes Leben zu führen. Wie oft wünschen wir uns, über unseren Schatten zu springen. Bevor wir springen können, müssen wir erst einmal wissen, worüber wir eigentlich springen sollen. Das ist die Grundvoraussetzung.

Hinter all den Ereignissen stecken sogenannte Urprinzipien. Das Veränderliche Prinzip, um nur eines zu nennen, bedeutet, dass wir uns immer wieder ändern und verändern müssen. Neuem offen und unvoreingenommen gegenüber treten sollen. Nur wenn wir dementsprechend handeln, können wir selbst Freiheit und Unabhängigkeit erfahren.

Einer meiner Klienten wurde bei Beförderungen mehrmals übergangen. Sein Arbeitgeber warf ihm vor, in Routineabläufen verhaftet und so den neuen Arbeitsplatzanforderungen nicht gewachsen zu sein. Auffallenderweise erlebte genau dieser Klient immer wieder Zufälle, in denen er zu einer Veränderung gezwungen wurde. Mal verletzte er sich beim Schlittschuhlaufen und musste für einige Tage ins Krankenhaus, ein anderes Mal wurde ihm aus heiterem Himmel die Wohnung gekündigt und er musste sich eine neue Bleibe suchen. Ständig musste er sich auf neue Situationen einstellen, was ihm ein Greuel war. Erst als wir das Prinzip herausgearbeitet hatten, was hinter den zahlreichen Zufällen steckte, konnte er sich mit dem Thema Veränderung beschäftigen und aussöhnen. Als Folge gingen im Laufe der Zeit die Zwischenfälle, in denen er gezwungen war, sich auf neue Situationen einzustellen, deutlich zurück. Vor wenigen Wochen wurde er schließlich zum Abteilungsleiter befördert.

Dieses Beispiel zeigt, wie wichtig es ist, sich der Themen hinter den Ereignissen anzunehmen. Sie sind keineswegs ein Geheimnis, das wir nicht lüften können, ganz im Gegenteil, wir sollen durch den Vorfall darauf gestoßen werden. Erkennen, verstehen und integrieren wir diese Prinzipien in unser Leben, haben wir bereits einen großen Schritt zu einem erfüllten Dasein getan.

In der Astrologie symbolisieren Planeten diese Prinzipien. Eine gute Übersicht finden Sie auf der nachfolgenden Seite. Wie wir diese Prinzipien letztendlich nennen, ob wir ihnen Planetennamen geben oder sie lediglich mit zwei, drei Worten beschreiben, spielt dabei keine Rolle. Wichtig ist, dass wir ihren Sinn begreifen. Natürlich könnten wir diese Prinzipien noch wesentlich detaillierter beschreiben und ihnen Entsprechungen im psychologischen, biologischen oder soziologischen Bereich zuordnen, jedoch würde uns die Fülle anfangs erschlagen. Viel wichtiger ist es, mit der Zeit ein Gespür, eine ungefähre Vorstellung zu entwickeln, wie diese Regeln in unserem gesamten Lebensbereich wirken. Prägen Sie sich diese Grundprinzipien unbedingt ein und versuchen Sie, sie mit Ereignissen aus Ihrem Leben in Verbindung zu bringen.

Leitgedanken

Hinter jedem Ereignis versteckt sich ein Thema, das wir leicht erkennen können, wenn wir die Urprinzipien zu Hilfe nehmen. Gelingt es uns, die Themen in unser Leben zu integrieren, sind wir auf dem besten Weg zu einem erfüllten und glücklichen Dasein.

Astrologische Ur-Prinzipien

Sonne - das Lebensenergie spendende Prinzip
Entsprechung: Aktivität, Selbstbewusstsein, Ausrichtung

Mond - das reflektierende Prinzip
Entsprechung: Empfindung, Ahnung, Seele, Unterbewusstsein

Merkur - das mitteilende Prinzip
Entsprechung: Kommunikation, Analyse, Beweglichkeit

Venus - das ausgleichende Prinzip
Entsprechung: Harmonie, Gleichgewicht, Ausstrahlungskraft

Mars - das kämpferische Prinzip
Entsprechung: Willenskraft, Entschlossenheit, Aggressivität

Jupiter - das ausdehnende Prinzip
Entsprechung: Entwicklung, Optimismus, Genuss, Glaube

Saturn - das beharrliche Prinzip
Entsprechung: Ausdauer, Beharrlichkeit, Konzentration

Uranus - das veränderliche Prinzip
Entsprechung: Freiheit, Unabhängigkeit, Individualität

Neptun - das intuitive Prinzip
Entsprechung: Träume, Fantasie, Einfühlung, Empfindsamkeit

Pluto - das umwälzende Prinzip
Entsprechung: Sterben und Neuanfang, Macht, Beeinflussung

Das Mars-Prinzip im Alltag

Anhand eines Beispiels will ich Ihnen das Urprinzip Mars erläutern. Es geht um Kampf, gesunde Aggressivität und Durchsetzung. Alles Eigenschaften, die wir im täglichen Leben und im Umgang mit unseren Mitmenschen benötigen. Es versteht sich von selbst, dass diese Fähigkeiten in einem ausgewogenen Verhältnis eingesetzt werden sollten. Jede Art der Übertreibung führt zu einem Ungleichgewicht, das negative Folgen nach sich zieht. Und darauf können wir getrost verzichten.

Bei dem Ratsuchenden, der mich in meiner Praxis aufsuchte, handelte es sich um einen Mann mittleren Alters. Auf der Ereignisebene stellten sich ihm öfters Hindernisse in Form von autoritären Vorgesetzten entgegen. Diese versagten ihm die rechte Anerkennung für seine Leistungen. Auch im privaten Bereich musste er massive Widerstände überwinden, z. B. als er ein Eigenheim bauen ließ und ein Problem nach dem anderen auftauchte.

Der Klient war im Grunde seines Herzens ein friedfertiger Wesenstyp, der sich gern anderen anpasste - leider zu gern. Das Ausleben des notwendigen Gegenpols, die Aggressivität und Angriffslust wurden dagegen eher vernachlässigt. Eine gesunde Aggressivität ist jedoch eine Mars-Eigenschaft, die wir benötigen, um unsere Person, unsere Argumente in der Umwelt durchzusetzen. In mehreren Sitzungen wurde sein negatives Bild von Mars-Eigenschaften, insbesondere das der Aggressivität, zurechtgerückt, d. h. in ein harmonisches Gleichgewicht gebracht. In den nächsten Monaten wandelte sich sein Verständnis von Kampf und Durchsetzung ganz entschieden. War es ihm anfangs noch ein notwendiges Übel, dem er lieber aus dem Weg ging, bereitete es ihm am Ende sogar Freude, sich für seine Belange einzusetzen. Ein großes finanzielles Problem im Zusammenhang mit dem Hausbau löste sich unmittelbar nach den ersten Sitzungen auf.

Natürlich können wir nicht erwarten, dass alle Hindernisse schlagartig verschwinden. Aber im Falle meines Klienten konnten diese von ihm wesentlich leichter bewältigt werden und die Anzahl der Schwierigkeiten nahm rapide ab.

Fazit

Wie wir an dem Beispiel sehen, ist es enorm wichtig, seine Schattenseiten anzunehmen und sie in das eigene Leben zu integrieren. Erst dadurch können wir uns als ganzheitliches Individuum annehmen. Unsere Lebensaufgaben müssen wir akzeptieren, denn solange wir ihnen ausweichen, sprich, sie nicht in unser Leben integrieren, solange werden wir immer wieder mit ihnen konfrontiert. Wir lösen dann Ereignisse aus, die im Grunde immer die gleiche Ursache haben. Müßig zu erklären, dass dies für unsere Entwicklung nicht förderlich ist. Umgekehrt gilt, stellen wir uns bewusst den Lebensthemen, können wir ihnen schneller gerecht werden und haben damit weitaus positivere Ereignisse zu erwarten.

Können wir den Zufall voraussagen?

Der zeitliche Verlauf, wann und in welchen Abständen ein Ereignis eintritt, ist ein interessanter Gesichtspunkt. Können die jeweiligen Auslösungszeitpunkte der Ereignisse vorausgesehen werden? - Die Zufälle ereignen sich zyklisch, nicht linear. Im Klartext heißt das, wir können nicht davon ausgehen, dass jede Woche ein Ereignis mit dem gleichen Grundthema geschieht, sondern sie treten in wiederkehrenden Phasen auf. Oft spüren wir intuitiv, dass etwas in der Luft liegt, dass irgendetwas bald geschehen wird. Wir können also die zeitliche Auslösung sehr wohl erahnen, wenn wir lernen, auf unsere innere Stimme zu hören und ihr zu vertrauen. Das ist ein Vorgang, der von unserer Sensibilität abhängt, und diese können wir schärfen. Nicht unbedingt von heute auf morgen, aber bereits nach wenigen Wochen nimmt Ihr Gespür für kommende Ereignisse deutlich zu.

Sie können sogar Ihre Zukunft bewusst gestalten, in dem Sie absichtlich zu einem Thema oder Problem eine Frage stellen. Anhand der später eintretenden Geschehnissen erhalten Sie die Antwort. Sie glauben mir nicht? - Dann machen Sie folgenden Versuch: Notieren Sie sich über einen Zeitraum von zwei Wochen Ihre Gedanken und Wünsche zu dem Thema, das Sie gerade am intensivsten beschäftigt. Schreiben Sie Ihre Fragen hierzu auf ein Blatt Papier. Falls es Ihnen möglich ist, notieren Sie sich das Urprinzip, das durch das Thema angesprochen wird. Beobachten Sie nun alle künftigen Ereignisse, von denen sie glauben, dass sie mit Ihrem Thema in Verbindung stehen. Wenden Sie dabei insbesondere das Analoge Denken an. Spätestens nach vier Wochen, einem Mondzyklus, werden Sie eine Antwort zu Ihrer Frage in Form eines oder mehrerer Ereignisse erhalten.

Einige Menschen besitzen besondere Wahrnehmungsfähigkeiten und können Ihnen helfen, falls Sie anfangs nicht zurechtkommen. Ein Astrologe kann z. B. den Phasenverlauf, wann welches Thema in Ihrem Leben aktuell wird, anhand des Horoskops ermitteln. Durch die Geburt eines Menschen ist festgelegt, wann er mit welchen Aufgaben und Prinzipien besonders intensiv konfrontiert wird. Die Form des Ereignisses, ob es erfreulich oder negativ ausfällt, bestimmen Sie jedoch selbst. Sie haben Ihr Schicksal in der Hand und können es jederzeit mit Ihrem gegenwärtigen Denken und Handeln beeinflussen.

Gehen Sie mit wachsamen Augen durch den Alltag. Vermuten Sie ruhig hinter den kleinen Begebenheiten einen Sinn. Stellen Sie fest, was Ihnen mitgeteilt werden soll und welche Prinzipien sich dahinter verbergen. Ihr Gespür für kommende Ereignisse wird zunehmen und Sie werden überrascht sein, wie gut die Methode funktioniert.

Vielleicht fühlen Sie auch eine innere Unruhe, *mein Wunsch muss demnächst in Erfüllung gehen,* oder *ich will, dass dieses oder jenes passiert.* Setzen Sie sich dann nicht unnötig einem Druck aus. Eine Fixierung Ihrerseits kann sogar die Auslösung des Ereignisses ungewollt hinauszögern. Gelassenheit und Vertrauen auf den Kosmos sind angesagt.

Falls Sie eine Botschaft nicht aufnehmen, sei es, dass Sie sie übersehen oder nicht verstehen, wird im Laufe der Zeit die Intensität zunehmen. Das bedeutet, die Auswirkung des Ereignisses auf Ihre Person wird stärker, solange Sie nicht dem Prinzip konform handeln. Ich gebe Ihnen ein Beispiel auf der Körperebene.

In einem Betrieb sollten Arbeitsplätze wegrationalisiert werden. Meine Klientin konnte sich aber nicht entschließen, sich nach einem neuen Job umzusehen. Kurze Zeit später verstauchte Sie sich *zufällig* den Fuß. Die Verletzung interpretierte ich als massiver Hinweis, aktiv zu werden. Denn Füße haben mit Bewegung zu tun. Es vergingen zwei Wochen und der Chef teilte ihr mit, dass ihr Job gefährdet sei. Sie fühlte sich ohnmächtig und verunsichert. Ich riet ihr, sich bei anderen Unternehmen zu bewerben, zumal sie sich in ihrer alten Firma nicht mehr wohlfühlte. Ansonsten müsse sie mit einer Steigerung negativer Vorfälle rechnen. Eine Woche verstrich, ohne dass sie eine Anstrengung unternahm, ihre unsichere Situation zu ändern. Schließlich verletzte sie sich am Finger und bekam eine Blutvergiftung, die gerade noch rechtzeitig entdeckt und behandelt wurde. Nach diesem "Fingerzeig" suchte sie endlich nach einer neuen Stelle, die sie zu ihrer Überraschung schnell fand. Ihr alter Arbeitsplatz wurde tatsächlich abgebaut und sie erhielt eine großzügige Abfindung, von der sie sich einen lang erträumten Urlaub leisten konnte.

Die Intensität der Ereignisse nimmt also bei Nichterfüllung des Prinzips im zeitlichen Verlauf zu. Je weniger wir freiwillig agieren, umso stärker werden wir gezwungen zu reagieren. Logischerweise verschlechtern sich die Ereignisse, d. h. deren Wirkung empfinden wir zunehmend als Belastung, als Stress, als ungerechter Schicksalsschlag. Handeln wir dagegen rechtzeitig, fühlen wir uns der Lage in jeder Hinsicht gewachsen. Wir haben das Gefühl, unser Schicksal selbst zu bestimmen und zu lenken. Mit dieser Einstellung sind wir natürlich zufriedener und erfolgreicher.

Leitgedanken
Ereignisse können von uns nicht nur vorausgeahnt, sondern durch unser Denken und Handeln auch ausgelöst werden. Wir können unser Schicksal selbst bestimmen.

Die Themen hinter den Zufällen tauchen zyklisch auf. Sie sind durch unsere Geburt vorherbestimmt. Die Form der Ereignisse, ob positive oder negative Auswirkung, können wir jedoch beeinflussen.

Nehmen wir uns eines Themas nicht an, werden die Ereignisse an Intensität zunehmen. Solange bis wir das dahinter liegende Prinzip in unser Leben integriert haben.

Die Natur des Ereignisses

Wir können jeden Zufall einem der vier Elemente, Feuer, Wasser, Luft und Erde zuordnen. Das betreffende Element gibt uns darüber Auskunft, auf welcher emotionalen Ebene uns das Ereignis anspricht. Verlieren wir einen geliebten Menschen, sind unsere Gefühle in Aufruhr. Die Emotionen können ungeahnte Kräfte bei uns freisetzen oder uns innehalten lassen. Sie beeinflussen unmittelbar unser Handeln und Denken. Ebenso kann ein Ereignis die intellektuelle Ebene betreffen. Eine sachliche und gerechtfertigte Kritik Ihres Chefs zum Beispiel wird Sie zum Nachdenken anregen. Sie überlegen daraufhin, wie sie das Problem lösen können. Dabei benützen Sie in erster Linie Ihren analytischen Verstand.

Machen Sie sich bewusst, auf welcher Ebene der Zufall Sie anspricht. Mit Hilfe der vier Elemente, die im Tarot auch die vier magischen Werkzeuge heißen, können wir die Natur des Ereignisses bestimmen. In früheren Zeiten sagte man, dass demjenigen, der es versteht, diese vier Elemente konform einzusetzen, Reichtum und Glück im Leben beschert sein werden. Eigentlich logisch - erkennen wir die Aussage und die Ebene des Zufalls, können wir zielgerichtet reagieren und agieren. Würde z. B. nur eines dieser Elemente fehlen, könnte der Mensch auf Erden nicht existieren. Machen Sie sich mit den vier Elementen vertraut.

Das Feuerelement

Überlegen Sie sich, was für Sie der Begriff Feuer alles beinhaltet. Zuerst fällt Ihnen vielleicht ein, dass es uns Wärme und Licht spendet. Das Feuer der Sonne gibt uns Kraft. Scheint die Sonne ins Zimmer, können wir leichter aufstehen, wir fühlen uns vitaler und gehen den Tag optimistischer an.

Denken Sie nur an die Redewendungen "In mir brennt das Feuer der Liebe" oder "Feuer unterm Hintern machen". Obwohl hier zwei gegensätzliche Bewertungen genannt werden, drücken sie etwas Gemeinsames aus. Feuer bedeutet Dynamik, Antrieb, Aktivität. Es gibt natürlich auch den Gegenpol. Feuer nicht als belebende, sondern als vernichtende Kraft. Das Feuer kann zerstören. Wir haben alle die schrecklichen Waldbrände vor Augen, die weite Teile jeglichen Lebens auslöschen. In diesem Sinne spricht man von der reinigenden Kraft des Feuers. Dieses abbauende Prinzip ist nicht negativer als die aufbauenden Eigenschaften des Feuers. Es gehört zur Ganzheit des Feuers dazu. Aus der zerstörten Welt kann wieder etwas Neues entstehen. Es ist somit Voraussetzung für den Neuaufbau. Das ab- und das aufbauende Prinzip ergänzen sich und stellen eine Einheit dar.

Feuer ist ebenfalls ein Synonym für die Idee, für den Einfall, der uns oft spontan und plötzlich mit Hilfe unserer Intuition eingegeben wird. Unter Intuition verstehe ich, die Verbindung unseres Unterbewusstsein mit dem Kosmos und der göttlichen Schöpferkraft. Ideen sind sozusagen Anworten des Kosmos auf unsere Fragen, Wünsche und Gebete. Sie stellen den zündenden Funken dar, der am Anfang jedes Projekts steht. Auf der Feuerebene werden also die Gedanken und Ideen geboren, die den Ausgangspunkt für jede weitere Entwicklung in unserem Leben bilden.

Das Wasserelement

Wasser stimuliert unsere Fantasie, unsere Vorstellungskraft. Das Wasserelement lädt uns zum Träumen ein. Wir formulieren unsere Ideen und Gedanken in Form von Bildern und verleihen ihnen damit Energie - viel Energie. Wasser bringt die Pflanzenwelt zum Wachsen und ist das Lebenselixier schlechthin. Von alters her ist Wasser ein Symbol für Fruchtbarkeit, gutes Gedeihen und Wachstum. Ein Zeichen also für Reichtum. In allen Kulturen dient es der Reinigung. Wasser reinigt uns von Schmutz, sei er geistiger oder materieller Natur und nimmt symbolisch gesehen sogar unsere Sünden hinweg.

Dank der Wasserkraft gewinnen wir Energie. Dabei sind nicht nur die vom Wasser angetriebenen, Strom erzeugenden Turbinen gemeint, vielmehr die eigene Vorstellungskraft. Unsere Fantasie macht uns fröhlich, beschwingt und läßt uns Bäume ausreißen. Eine hohe Imaginationskraft ist fast besser als die Realität. In unserer Fantasie sind wir Helden, denen niemand und nichts etwas anhaben kann.

Wiederum gibt es einen Gegenpol. Die Wasserkraft als zerstörerisches Element, nicht nur in Form von Naturgewalten, sondern indem es unsere Ideen im Keim ersticken kann. Die Wasserebene symbolisiert unsere Gefühle und Empfindungen wie auch unsere schöpferische Fantasie und Vorstellungskraft. Wir können unseren

Ideen und Projekte Energie verleihen oder bereits frühzeitig den Grundstein für ihren Misserfolg legen.

Das Luftelement

Die Luft benötigen wir zum Atmen, um Sauerstoff in unsere Lungen zu pumpen und unsere Zellen damit zu versorgen. Verbrauchte Luft, Kohlendioxid, stoßen wir wiederum aus. Es ist ein ständig wechselnder Prozess des Ein- und Ausatmens. Sobald wir aufhören zu atmen, sterben wir, weil unser Körper, unser Gehirn nicht mehr mit Sauerstoff, mit Energie versorgt wird. Unser Denken und Handeln findet ein Ende, zumindest in dieser materiellen Welt.

Das Luftelement verkörpert die Ebene der Rationalität, den Bereich des Denkens und Handelns. Wir befinden uns somit in der Planungs- und Entscheidungsphase. Notwendige Entscheidungen müssen schnell getroffen und in die Tat umgesetzt werden, um das zuvor in der Fantasie ausgemalte Projekt erfolgreich umzusetzen. Beim Luftelement ist der scharfsinnige, wache Verstand gefragt. Gelingt es uns, ihn zielgerichtet für unsere Belange einzusetzen, kommen wir dem Erfolg einen entscheidenden Schritt näher.

Natürlich müssen wir im Sinne der Polarität die Ausgeglichenheit bewahren. Das bedeutet, zuviel Denken, insbesondere sich im Detail verlieren, kann unser Vorhaben ersticken. Wir machen uns dann vor lauter Planerei verrückt und verlieren letztendlich den Überblick.

Das Erdelement

Dieses vierte Element, die Erde, verkörpert die Materie. Wir können sie mit unseren Händen fühlen und mit den Augen wahrnehmen. Materie ist einerseits schwer, starr und behäbig, andererseits steht sie für Beständigkeit. Sie gibt uns Schutz und Geborgenheit. Unser Planet Erde ist die große Mutter, die uns Menschen Heimat gibt. Solange wir mit ihr fürsorglich umgehen, wird sie uns nicht im Stich lassen. Indem wir sie schädigen, schädigen wir uns selbst. Denn wir sind ein Teil von ihr und mit ihr unweigerlich verbunden. Unser Leib besteht aus Materie, und am Ende unseres Lebens kehrt er zur Mutter zurück, um wieder Bestandteil von etwas Neuem zu werden. So gesehen weisen wir eine enge Verbindung mit allem Materiellen auf, sei es ein Tier, eine Pflanze oder ein Stein.

Die Materie gibt uns die Möglichkeit, den Mitmenschen sichtbare Beweise unserer Arbeit zu präsentieren. Auf die erreichten Leistungen blicken wir mit Stolz. Solange das Gleichgewicht gewahrt wird, ist darin auch nichts Negatives zu sehen. Erst wenn wir vor lauter Materie unsere geistige Entwicklung vernachlässigen, schadet uns der Besitz von Materie. Und das kann viel schneller erfolgen, als uns lieb ist. Der Mensch steht dann nicht mehr im Vordergrund, sein Geist herrscht nicht mehr über die Materie, vielmehr regiert die Materie über den Geist und damit über den Menschen. Geistige Entwicklung und Materie müssen im harmonischen Einklang stehen. Ansonsten laufen wir Gefahr, selbst ein Opfer unseres Besitzstrebens zu werden. Auf der Erdebene befinden wir uns in der Umsetzungsphase, in der unsere Ideen und Wünsche sichtbare Realität werden, sich also materialisieren.

Leitgedanken
Jeder Zufall besitzt eine eigene Natur, die durch die vier Elemente charakterisiert werden kann. Sie zeigt uns, auf welcher Ebene wir aktiv werden sollen.

Handeln wir konform der Aussage und der Elementen-Ebene des Ereignisses, erreichen wir am schnellsten unsere Ziele.

Ein Ereignis mit vorwiegend Feuer-Charakter sagt uns, dass Eigenschaften wie Dynamik und Aktivität gefragt sind bzw. der zündende Funke, die Idee im Vordergrund steht.

Zufälle, die in erster Linie Wasser-Charakter besitzen, sprechen die emotionale Ebene an. Sie fordern uns auf, uns über unsere Gefühle klar zu werden. Unsere Fantasie und Vorstellungskraft sollen aktiviert werden.

Das Luftelement verkörpert die Ebene der Rationalität, den Bereich des Denkens und Handelns. Bei Ereignissen mit Luft-Charakter befinden wir uns somit in der Planungs- und Entscheidungsphase.

Zufälle, bei denen es um Materie und um das Materielle geht, weisen auf das Erdelement hin. Unsere Ideen und Wünsche sollen umgesetzt und sichtbare Realität werden, sich also materialisieren.

Kosmische Gesetze wirken in unserem Leben

Es ist Zeit, Bilanz zu ziehen. In den vorangegangen Kapiteln haben wir gehört, dass alle Ereignisse, die in unser Leben treten, mit voller Absicht geschehen. Selbst scheinbar unbedeutende Zufälle beinhalten eine Information an uns, die wir als Rückmeldung resultierend aus unserem Denken und Handeln nutzen können. Voraussetzung ist, dass wir den Ereignissen unvoreingenommen und offen gegenüberstehen. Oftmals reicht das alleine nicht aus. Wir können uns bestimmter Techniken bedienen, wie der des Analogen Denkens und der Elementenlehre, um das hinter dem Zufall liegende Thema und Prinzip zu erkennen. Erst dann verstehen wir die ganze Tragweite des Geschehnisses, welches zielgerichtet in unsere Existenz eingreift.

Was steckt hinter all dem? - Welches System steuert all diese unglaublichen Dinge? Erkennen wir diese Gesetzmäßigkeiten, haben wir die Chance, sie nicht nur zu (be-)achten, sondern sie in unser Leben zu integrieren und vor allem zu unserem eigenen Vorteil zu nutzen. Ja, Sie haben richtig gelesen. Wir dürfen sie Gewinn bringend einsetzen, wir müssen sogar. Und das Beste daran ist, dass es uns nicht einmal viel Mühe kostet. Es werden von uns keine großen Opfer oder ungeheueren Kraftakte abverlangt. Wir müssen keiner bestimmten Religionsgemeinschaft oder Sekte angehören, damit wir in ihren Genuss kommen. Jedoch werden Offenheit, Verantwortungsbewusstsein und Respekt von uns gefordert. Wenn Sie dazu bereit sind, kann eigentlich nichts mehr schief gehen.

Die kosmischen Gesetzmäßigkeiten wirken sowohl im Kosmos als auch auf Erden und damit auf uns. Sie wirken Tag und Nacht und an jedem Ort des Universums. Übersetzt bedeutet Kosmos "Weltall" und kosmisch folglich "das Weltall betreffend". Der Mensch ist ein Teil dieses Kosmos, ebenso wie die Tiere, die Pflanzen und die Erde. Die kosmischen Gesetze halten die Ordnung des Weltalls aufrecht. Verstoßen wir gegen diese Ordnung, können wir freiwillig diese wiederherstellen, oder wir erhalten gezwungenermaßen eine Korrektur, in Form eines Ereignisses. Kosmische Gesetze bedeuten, im Einklang mit sich, mit der Natur, mit der Schöpfung zu sein.

Nichts, aber auch gar nichts passiert ohne Absicht. Alles geschieht im Sinne der kosmischen Gesetze. Wenn diese Gesetze uns und unser Leben so stark beeinflussen, warum wissen wir dann nur so wenig von ihnen? - Eigentlich erschreckend! Stellen Sie sich vor, Ihr Chef gibt Ihnen irgendwelche Aufgaben zur Erledigung. Sie erkennen deren tieferen Sinn nicht, wollen aber nicht mehr nachhaken und arbeiten diese ab, ohne sie zu verstehen. Schlichtweg, Sie haben keine Ahnung, was Sie eigentlich anstellen. Am Ende kommt es, wie es kommen muss, und Sie vermasseln es. Ihr Chef tadelt Sie, weil Sie die Aufgabe nicht zufriedenstellend gelöst haben. Er weist Sie an, das Versäumte nachzuholen, ansonsten droht er mit Sanktionen. Im Grunde wissen Sie aber immer noch nicht, wo der Fehler lag und wie Sie diesen in Zukunft vermeiden können. Ist der Chef Schuld, weil er Ihnen zu wenig Informationen gegeben hat? Oder haben Sie es versäumt, offen für die Aufgabe zu sein? Besorgen Sie sich nun die notwendigen Informationen zur Problemlösung? - Selbstverständlich. Also, warum eignen Sie sich dann im Leben nicht ebenfalls das notwendige Wissen an? Jetzt und hier haben Sie die Möglichkeit.

Falls Sie Ihre Gegenwart und Zukunft erfolgreich gestalten wollen, müssen Sie sich an gewisse Spielregeln halten, und das sind die kosmischen Gesetzmäßigkeiten. Sie können natürlich auch sagen, kosmische Gesetze, was soll der Unfug, interessiert mich alles nicht. Als freier Mensch ist das Ihr gutes Recht. Ich will Sie gewiss nicht bekehren. Nur wundern Sie sich bitte dann nicht, dass Sie immer wieder mit den gleichen Widerständen im Leben zu kämpfen haben. Nach dem Motto: "Warum einfach, wenn es auch schwierig geht." Entscheiden Sie sich für den einfachen und erfolgreichen Weg! Lesen Sie unvoreingenommen in den nachfolgenden Kapiteln über die kosmischen Gesetze. Es lohnt sich. Wohlgemerkt, Sie müssen nicht an diese Gesetze glauben, damit sie funktionieren. Die kosmischen Gesetze richten sich nicht nach Ihnen, sondern umgekehrt, Sie müssen sich entsprechend anpassen. Nur so ist zielgerichtetes und erfolgsorientiertes Denken und Handeln möglich.

Leitgedanken

Die kosmischen Gesetzmäßigkeiten wirken auf uns, Tag und Nacht und an jedem Ort der Erde. Sie halten die Ordnung des Weltalls aufrecht.

Verstoßen wir gegen diese Ordnung, können wir freiwillig diese wiederherstellen oder wir erhalten gezwungenermaßen eine Korrektur, in Form eines Ereignisses.

Kosmische Gesetze zu achten, bedeutet, im Einklang mit sich, mit der Natur und mit der Schöpfung zu sein.

Das Polaritätsgesetz

Stellen Sie sich vor, wir müssten hier auf Erden ohne Sonnenlicht leben. Um uns herum herrschte Dunkelheit, die Pflanzen würden nur mit Hilfe künstlichen Lichts wachsen. Die Menschen selbst erblickten nie das Tageslicht. Eine Furcht einflößende, geradezu gespenstische Vorstellung. Tag und Nacht bilden eine Einheit mit zwei Polen, ebenso wie Sonne und Mond. Dabei können wir nicht sagen, der eine Pol ist besser oder schlechter als der andere, beide gehören auf natürliche Art und Weise zusammen. Das Polaritätsgesetz sagt aus, dass jede Einheit zwei gleichwertige Pole besitzt, die im Gleichgewicht stehen. Trennt man nun einen Pol vom anderen ab oder ist einer gestört, so entsteht ein Ungleichgewicht, das wir als sehr unangenehm und störend empfinden. Gemäß dem Polaritätsgesetz muss aber ein Ausgleich zwischen beiden Gegensätzen herrschen. Ist dies nicht der Fall, wird dieser zwangsläufig hergestellt. Dies geschieht in Form von Ereignissen, welche die zwei Gegensätze ins Gleichgewicht bringen.

Sie kennen mit Sicherheit Justitia, die Göttin der Gerechtigkeit, die in der einen Hand eine Waage mit zwei Schalen hält, in der anderen ein Schwert. Legen Sie nun in die eine Schale ein paar Goldstücke, bewegt sich diese nach unten und die andere Schale nach oben. Es liegt eine Ungleichheit vor, die Sie auf zwei verschiedene Arten ausgleichen können. Entweder legen Sie in die andere Schale ebenfalls etwas mit Gewicht oder Sie nehmen die Goldstücke wieder weg. Sie können es freiwillig tun oder es Justitia überlassen. Sie wägt ab und sorgt ggf. mit dem Schwert für den nötigen Ausgleich, der uns *zufällig* ereilen wird.

Fehlt ein Pol in unserem Dasein oder ist er im Gegensatz zum anderen nur schwach ausgebildet, geraten wir ins Ungleichgewicht und damit in Disharmonie. Wir fühlen uns nicht im Einklang mit uns selbst und mit dem Kosmos. Bewusst oder unbewusst wünschen und sehnen wir uns diesen notwendigen Ausgleich herbei. Gelingt er uns nicht oder nicht rechtzeitig, so führt der Kosmos ihn stellvertretend für uns in Form von Ereignissen aus.

Daraus leitet sich die Schlussfolgerung ab, dass in den Bereichen, in denen wir unangenehme Ereignisse erfahren, wir aus der Balance geraten sind und uns die Wiederherstellung des Gleichgewichts nicht rechtzeitig gelungen ist. Betrachten wir die Familienaufstellung nach Bert Hellinger kann es sogar möglich sein, dass andere Familienmitglieder für uns diesen Ausgleich einlösen möchten. Was dazu führen kann, dass eine nicht bewältigte Problematik auf andere Generationen in unserer Familie übertragen wird.

Die Waage als Messinstrument fordert uns auf, ständig zu prüfen, ob wir uns in allen Lebensbereichen im Gleichgewicht befinden. Falls nötig müssen wir die Ausgeglichenheit mit unserem Tun und Denken wiederherstellen. Denken Sie an das Schwert, als Symbol der Ordnung, das uns Warnung und Bestrafung zugleich ist. Nur geschieht das nicht wie im Mittelalter, indem wir einen Kopf kürzer gestutzt werden, sondern durch ein negatives Ereignis, das in unser Leben tritt. Aber seien wir ehrlich, wer von uns will schon negative Erfahrungen sammeln. Besser wir stellen die Ordnung rechtzeitig und freiwillig her und genießen die positiven Zufälle.

Mit Hilfe des Polaritätsgesetzes können wir also feststellen, ob wir auf allen Gebieten im Gleichgewicht und damit in Harmonie sind. Geben Sie z. B. in der Partnerschaft genauso viel Liebe wie Sie auch erhalten? Erhalten Sie im Beruf für Ihre Leistung auch eine angemessene Entlohnung?

Denken Sie an markante Ereignisse in der Vergangenheit und betrachten Sie diese unter Einbeziehung des Polaritätsgesetzes. Welche zwei gegensätzlichen Pole haben bei dem Ereignis eine Rolle gespielt? Zum besseren Verständnis erläutere ich Ihnen das anhand eines Beispiels:

Klaus A. erbt von seiner verstorbenen Tante zwanzigtausend Euro. Der ansonsten vorsichtige und umsichtige Mann liest in einer seriösen Finanzzeitschrift, welche Rendite-Chancen sich mit Aktien ergeben. Klaus entschließt sich nach mehrmaligem Studieren der Angebote, ein bestimmtes Aktienpaket zu erwerben. Auf dem Weg zur Bank fährt ihm ein Radfahrer vor das Auto. Es gelingt ihm gerade noch auszuweichen. Nach der vergeblichen Suche eines Parkplatzes kommt er endlich in der Bank an. Der Berater der Bank äußert Bedenken und will ihm andere Aktienwerte vorschlagen. Klaus unterbricht ihn unwirsch und entscheidet sich für sein aus der Zeitschrift ausgewähltes Aktienpaket. Kurze Zeit später erleiden diese Aktien einen massiven Kursverlust. Klaus ärgert sich maßlos über die Zeitschrift und vor allem über seine Dummheit. Warum musste gerade ihm, dem Vorsichtigen und Besonnenen, das passieren. Einmal im Leben riskiert er etwas, und schon geht es schief.

Mit dem Schicksal hadern bringt nichts. Klaus muss die Verantwortung für den Verlust übernehmen, erst dann erhält er Kraft und Energie zurück, für neue Projekte und Chancen.

Das Beispiel zeigt die zwei Pole Geben und Nehmen. Durch die Erbschaft hatte der Mann eine Geldsumme empfangen. Der Aktienkauf diente dazu, das Vermögen nochmals zu mehren, also weiteres Geld durch Kursgewinne zu erzielen. Das spätere Ereignis stellte jedoch eine Minderung des Vermögens dar. Um den Ausgleich herzustellen, hätte Klaus zuerst etwas geben müssen, indem er irgendjemandem etwas schenkt. Entweder etwas Materielles wie Geld oder etwas Immaterielles wie Liebe, Aufmerksamkeit. Dies hatte er versäumt. Als logische Folge musste das zuviel Empfangene durch den Kursverlust kompensiert werden.

Ein anderes Gegensatzpaar aus dem Beispiel wäre Reden und Zuhören. Hätte er auf den Bankangestellten gehört, wäre vielleicht seine Entscheidung anders ausgefallen. Er hatte ihn überhaupt nicht zu Wort kommen lassen und ihn und seine Meinung nicht gewürdigt. Respekt gegenüber den Mitmenschen ist kein Luxus, sondern eine Tugend.

Natürlich sind noch andere Gegensatzpaare denkbar. Wichtig ist immer, auf die individuelle Situation des Einzelnen einzugehen. Was bedeutet das Ereignis und dessen Verlauf für ihn persönlich? Eventuell unter Berücksichtigung weiterer Zufälle aus der Vergangenheit.

Leitgedanken

Das Polaritätsgesetz sagt aus, dass jede Einheit zwei gleichwertige Pole besitzt, die im Gleichgewicht stehen müssen.

Tritt in einem Bereich ein Ungleichgewicht auf, weil ein Pol nicht genügend Beachtung findet, so empfinden wir das als Mangel, den wir ausgleichen wollen.

Sorgen wir nicht selbst freiwillig und rechtzeitig für den notwendigen Ausgleich und damit für Harmonie, wird dieser durch entsprechende Ereignisse zwangsläufig hergestellt.

Mit Hilfe des Polaritätsgesetzes und der Analyse vergangener Ereignisse können wir herausfinden, welche Lebensbereiche und -themen außer Balance geraten sind.

Wie oben so unten

Dieses weitere kosmische Gesetz sagt aus, dass vom Makrokosmos auf den Mikrokosmos abgeleitet werden kann. Durch Beobachten des Himmels können wir Rückschlüsse auf das Geschehen hier auf Erden ziehen. Schon unsere Vorfahren stellten eine Verbindung zwischen Himmel und Erde fest und deuteten aus dem Lauf der Planeten kommende Ereignisse für das irdische Leben. Die Astrologie war damit geboren, die sich seither mit dem Oben und Unten ausgiebig beschäftigt. Wie wir in dem Kapitel "Astrologische Grundprinzipien" erfahren haben, symbolisieren Planeten Kräfte, die für ein ganz bestimmtes Ur-Prinzip stehen. Mit Hilfe des Horoskops sagt uns der Astrologe, welche Prinzipien aktuell in unser Leben treten und für uns von herausragender Bedeutung sind. Wir benötigen jedoch dieses Arbeitsmittel nicht, weil wir ebenso gut aus der Analyse von Ereignissen auf das Prinzip schließen können, das momentan vorherrscht und integriert werden will.

Bei der Betrachtung des Zufalls müssen wir oft Analogien bilden, damit wir die Tragweite des Ereignisses begreifen. Das analoge Denken zeigt uns den Zusammenhang zwischen Makrokosmos und Mikrokosmos, in diesem Fall die eigene Person, auf. Das Gesetz "Wie oben so unten" ist die Voraussetzung, dass die Übertragung mit Hilfe von Analogien funktioniert und uns wichtige Informationen zuteil werden. Wir können sie quasi als eine Art Rückmeldung unseres Denkens und Handelns benutzen. Erinnern Sie sich an unser Beispiel mit Klaus, der zur Bank fuhr, um Aktien zu kaufen. Auf dem Weg dorthin musste er plötzlich einem Radfahrer ausweichen. Hätte er nicht vielmehr dem Aktiengeschäft ausweichen sollen? War dieses unbedeutende Ereignis ein Fingerzeig? Sie sagen, das kann doch nicht sein. Warum nicht! - Nur weil wir es mit unserem rationalen Verstand nicht fassen können? Das Leben ist ein spannendes Spiel und wir müssen die Spielregeln, die kosmischen Gesetzmäßigkeiten, kennen, um zu gewinnen. Gewinnen im Sinne einer geistigen Weiterentwicklung und Neuorientierung.

Falls Sie unsicher sind, welche Prinzipien Sie aktuell bearbeiten sollen, können Sie einen Astrologen aufsuchen. Gerade Lebensthemen, die unser gesamtes Leben bestimmen und uns in ihren Bann ziehen, sind durch das Horoskop ablesbar. Eine meiner Klientinnen von mir musste sich permanent mit Kommunikationsschierigkeiten herumplagen. Ihre Meinung war nicht sonderlich gefragt, selbst sachliche Argumentationen ihrerseits wurden von Vorgesetzten als lächerlich abgetan. Sie erlitt eine Krankheit, die ihr zeitweise sogar das Sprechen unmöglich machte. Ihr Horoskop wies eine markante Merkur-Konstellation auf. Merkur symbolisiert das Thema Kommunikation. Erst als sie sich mit diesem Thema und den Hintergründen auseinandersetzte, besserte sich die Situation.

Ereignisse können allerdings nicht durch die Astrologie vorausgesagt werden, weil diese von unseren Entscheidungen abhängen. Die Freiheit des Menschen bleibt somit von der Astrologie unangetastet.

Leitgedanken
Das Gesetz "Wie oben so unten" bedeutet, dass wir aus der Betrachtung des Makrokosmos` Rückschlüsse auf den Mikrokosmos, d. h. auf die eigene Person, ziehen können.

Das Gesetz "Wie oben so unten" bildet die Grundlage für die Richtigkeit von Analogien und deren Vorkommen bei Ereignissen.

Aus der Analyse von Zufällen läßt sich mit Hilfe des Analogen Denkens das von uns zu integrierende Ur-Prinzip ableiten.

Das Gesetz der Dreiheit

Wir finden dieses Gesetz z. B. bei der sexuellen Vereinigung zweier liebenden Menschen wieder. Es besagt, dass durch die Verbindung zweier Kräfte nicht nur eine additive Energie, sondern eine dritte, neue Kraft entstehen kann. Wir können also durch Kontakte mit anderen Menschen unseren Energielevel wesentlich erhöhen. Ebenso können uns Mitmenschen schwächen, z. B. indem sie unsere Ideen kaputt diskutieren. Sie ziehen uns Energie ab und machen unsere gesteckten Ziele zunichte. Folglich sollten wir darauf achten, mit wem wir in Kontakt treten und Angriffe auf unsere Person abwehren. Diejenigen, die uns jeglichen Respekt versagen und unsere Würde in den Dreck ziehen, untergraben unsere natürliche Autorität und machen uns mut- und kraftlos.

Es gab Zeiten, in denen ich nach einer Sprechstunde regelrecht erschöpft und ausgepowert war. Dies hatte ich selbst zu verantworten, weil ich mit meinem Gesprächspartner über Dinge redete, die für die eigentliche Problemlösung nicht relevant waren. Beschränken Sie sich auf das Wesentliche und achten Sie darauf, mit wem Sie sich umgeben. Falls Sie in Ihrer näheren Umwelt, z. B. am Arbeitsplatz oder in der Freizeit, mit Menschen zusammenkommen, die Ihnen wohlgesonnen sind, steigern diese Ihre Kraft und Energie. Sie erhalten unter Umständen Anregungen und Vorschläge, die sich positiv auf Ihren Lebensverlauf auswirken. Diese Erkenntnis können Sie gezielt einsetzen, wenn Sie z. B. neue Projekte anpacken. Holen Sie sich Unterstützung bei denen, die an Ihr Vorhaben und vor allem an Sie glauben. Beschleicht Sie bei einem Gegenüber ein schlechtes Gefühl, dann hören Sie auf Ihre Intuition und seien Sie auf der Hut. Versuchen Sie, negative Äußerungen nicht an sich, an Ihre Seele herankommen zu lassen.

Leitgedanken

Das Gesetz der Dreiheit besagt, dass durch die Verbindung zweier Kräfte nicht nur eine additive Energie, sondern eine dritte, neue Kraft entstehen kann. Durch Verbindungen mit anderen Personen kann unsere Energie gestärkt oder geschwächt werden.

Im Lebensfluss sein

Im Einklang mit dem Kosmos zu leben, heißt, selbst die Verantwortung für sich und sein Tun zu übernehmen und die kosmischen Gesetze zu achten. Es versteht sich, dass wir andere nicht manipulieren dürfen, um die eigenen Ziele zu erreichen. Nicht, weil es nicht möglich wäre, aber es würde unsere persönliche Entwicklung zurückwerfen. Zufriedenheit und dauerhaften Erfolg erreichen wir nur, wenn wir geistig und seelisch darauf vorbereitet sind.

Ein Klient, der vor wenigen Monaten pensioniert worden war, kam zu mir in die Praxis und schimpfte wie ein Rohrspatz über seinen Nachbarn. Dieser wäre zu laut, zu unordentlich und pflanze Sträucher zu nahe an die Grundstücksgrenze und noch vieles mehr. Mittlerweile widmete mein Klient sein halbes Leben diesem "bösen" Nachbarn und vergaß darüber seine eigenen Ziele. Je mehr wir uns gedanklich mit etwas oder jemandem beschäftigen, umso stärker wird die Verbindung zu diesem Thema bzw. zu dieser Person und umso mehr Energie verwenden wir darauf.

Die Lösung für meinen Klienten bestand darin, den Nachbarn und dessen Lebensweise nicht zu ignorieren, sondern zu respektieren. Er solle einfach darauf vertrauen, dass der Nachbar auch seine Grenzen zu würdigen wisse. Mein Kient schüttelte nur den Kopf über diesen vermeintlichen Unfug und verließ wütend meine Praxis. Ehrlich gesagt, hatte ich nicht das Gefühl ihn wiederzusehen. Einige Wochen später traf ich ihn *zufällig* auf der Straße. Mir schien er wie neugeboren, energiegeladen und voller Tatendrang. Er berichtete mir, dass er meinen Ratschlag so gut es ging befolgt hätte. Bereits kurze Zeit später verringerten sich die "Übergriffe" des Nachbarn deutlich. Heute sei das Verhältnis zwischen ihnen beiden so gut, dass der Nachbar auf sein Anwesen aufgepasst, während er sich mit einer Reise nach Übersee einen lang gehegten Traum erfüllt habe.

Was ist passiert? - Die fehlgeleitete Energie in Form des Nachbarstreits ist in die richtige Richtung gewandert. Die Projektion auf den Nachbarn hat sich aufgelöst, weil mein Klient die Verantwortung für sein Tun wieder übernommen hat. Als Folge ist er im Einklang mit dem Kosmos und mit sich selbst.

Wenn wir im Gleichgewicht sind, sind wir im Lebensfluss, zufrieden und erfolgreich. Um dies zu erreichen, müssen wir versuchen, auf allen geistigen und irdischen Ebenen in der Balance zu sein, damit die Lebensenergie ungehindert und kraftvoll strömen kann. Dabei sollten wir uns die vier Elemente, Feuer, Wasser, Luft und Erde, vor Augen halten. Wir können sie mit Ebenen vergleichen, die wir bei der Verwirklichung von Zielen durchlaufen. Das folgende Schema verdeutlich diesen Ansatz.

Ebene	Entsprechung	Bereich
Feuer	Die zündende Idee	}geistig-seelisch
Wasser	Die schöpferische Fantasie	
Luft	Zielgerichtetes Denken und Handeln	}irdisch-materiell
Erde	Die Materialisation/Umsetzung	

Zu Beginn steht das Feuerelement für die zündende Idee, für den Funken sozusagen. Die Wasserebene ist die Ebene der Fantasie, der Vorstellungskraft. Beide Ebenen stellen den geistigen Bereich dar, der vor unseren Mitmenschen verborgen bleibt. Mit der Luft-Energie, die unsere Gedanken, unser Handeln symbolisiert, nähern wir uns der irdisch-materiellen Ebene, die durch das Erdelement den Abschluss findet. Auf dieser letzten Ebene manifestieren sich all unsere Ideen, Wünsche und Gedanken.

Zum besseren Verständnis erläutere ich Ihnen dies am Beispiel eines Autokaufs. Stellen Sie sich vor, Sie hätten plötzlich die Idee, ein Auto zu kaufen (= Feuer-Ebene). In Ihrer Fantasie malen Sie sich Ihr Traumauto aus. Es soll z. B. Lederausstattung, Klimaanlage, einen Verbrauch unter acht Liter haben usw. (= Wasser-Ebene). Bis jetzt wissen nur Sie davon, dass Sie ein Auto kaufen möchten, nicht aber Ihre äußere Umgebung. Erst wenn Sie handeln und eine Annonce in der Zeitung aufgeben, wird die Umwelt auf Ihr Vorhaben aufmerksam (= Luft-Ebene). Sie haben also einen Plan ausgearbeitet, wie Ihr Wunsch in Erfüllung gehen soll. Den Abschluss bildet die Erd-Ebene, wenn jemand sich auf Ihre Anzeige meldet und Ihnen das gewünschte Objekt zeigt. Wir befinden uns dann auf der Ereignisebene, in der sich Ihr Wunsch materialisiert.

Nur wenn Sie auf allen vier Ebenen im Gleichgewicht sind, wird das Resultat entsprechend Ihrer ursprünglichen Idee ausfallen und das Wunschauto vor der Türe stehen. Handeln Sie nur auf einer Stufe nicht konform, z. B. auf der Luftebene, indem Sie die Anzeige ungenau verfassen, zerplatzt Ihr Traum wie eine Seifenblase.

Dieses Prinzip der Lebensfluss-Ebenen findet in allen Bereichen Anwendung, sei es im Beruf, in der Familie oder die Partnerschaft. Überall steht die Idee am Anfang und ihre Verwirklichung folgt gemäß den o. g. Stufen. Deshalb ist es unerläßlich zu wissen, auf welcher Ebene wir uns gerade bewegen und ob wir uns im Gleichgewicht befinden. Sind wir es, können wir Unglaubliches vollbringen.

Leitgedanken

Sobald wir im Einklang mit dem Kosmos leben, sind wir zufrieden und erfolgreich. Voraussetzung hierfür ist, dass wir die Verantwortung für uns selbst und unser Tun übernehmen und die kosmischen Gesetze achten.

Die vier Elemente, Feuer, Wasser, Luft und Erde, stellen einzelne Stufen dar, die wir bei der Entstehung und Verwirklichung einer Idee durchlaufen.

Wir müssen versuchen, auf diesen geistigen und irdischen Ebenen im Gleichgewicht zu sein, damit die Lebensenergie ungehindert und kraftvoll strömen kann.

TEIL II

DEM ZUFALL AUF DIE SPRÜNGE HELFEN

Kosmisches Persönlichkeitstraining

Im ersten Teil ging es um das Erkennen von Ereignissen und deren Bedeutung für unsere Person. Mit Bildung von Analogien filtern wir die eigentliche Aussage des Zufalls und das dahinter liegende Ur-Prinzip heraus. Dank der kosmischen Gesetze verstehen wir, warum das Geschehnis gerade uns zugefallen ist.

Im zweiten Teil lernen wir nun, Ereignisse für uns zu nutzen und die widergespiegelten Themen in unseren Alltag zu integrieren. Ziel ist es am Ende, in den persönlichen Lebensfluss zu gelangen und somit auf allen Gebieten Zufriedenheit und Erfolg zu erreichen. Deshalb können wir es auch als eine Art kosmisches Persönlichkeitstraining bezeichnen, das dadurch charakterisiert ist, dass es den Menschen ins Gleichgewicht bringt und den Willen des Menschen stärkt, sein Schicksal selbst in die Hand zu nehmen, um damit sein Leben positiv zu gestalten. Wir müssen lernen, jetzt in der Gegenwart zu träumen und nicht irgendwann von einer besseren Zukunft. Ihr persönliches Training beginnt in diesem Augenblick.

Zuerst mit einer kritischen Selbstanalyse. Das heißt, wir nehmen unsere Stärken und Schwächen bewusst an und leugnen sie nicht länger. Obwohl die Gegenwart im Vordergrund steht, können wir aus vergangenen Ereignissen Rückschlüsse auf die aktuelle Lebenssituation und die verschiedenen Aufgabenstellungen ziehen. Die Beobachtung der Vergangenheit dient lediglich dazu, die Gegenwart besser zu verstehen. Auch der Zukunft kommt nur eine untergeordnete Rolle zu. Die Zielerreichung liegt zwar in der Zukunft, aber nur durch das bewusste Leben im Hier und Jetzt gestalten wir unsere Zukunft und damit auch unseren Erfolg. Später widmen wir uns dem Ausarbeiten und der Durchführung unserer Ziele und Wünsche. Wobei ein stufenweises Vorgehen, gemäß den vier Elementenebenen, d. h. von der geistigen zur irdischen Welt, sinnvoll ist. Parallel können natürlich mehrere Ziele gleichzeitig anvisiert und eingelöst werden. In der dritten Etappe schließt sich eine Abweichungsanalyse an, welche die Ereignisse seit Beginn unserer ersten Zielsetzung analysiert, ggf. eine Maßnahmenkorrektur einleitet und mit der Zielerreichung endet.

Leitgedanken
Das Erkennen, Verstehen und Integrieren von Ereignissen können wir üben. Das kosmische Persönlichkeitstraining hat die Aufgabe, den Menschen in sein Gleichgewicht zu bringen.

Die drei Stufen des Erfolges

STUFE I:

1. Stärken-/Schwächenanalyse
2. Die Ereignisanalyse

STUFE II:

3. Die Idee/Zielsetzung (Feuer-Ebene)
4. Die Vision (Wasser-Ebene)
5. Das Planen und Handeln (Luft-Ebene)
6. Die Realisierung/Umsetzung (Erd-Ebene)

STUFE III:

7. Abweichungsanalyse
8. Maßnahmenkorrektur
9. Die Zielerreichung

Vertraue auf deine Stärken und nutze deine Schwächen

Wolfgang S. suchte mich in meiner Praxis mehrmals auf, in der Hoffnung, bei mir einen Weg zur finanziellen Absicherung seiner Familie zu finden. Dabei fiel mir auf, dass er stets seine Haare durchkämmte, bevor er Platz nahm und die gleiche Prozedur beim Abschied wiederholte. Während der Sitzung zupfte er sich hier und dort zurecht, ständig bemüht, einen guten, korrekten Eindruck zu hinterlassen. Zweifelsohne steckte eine gewisse Eitelkeit dahinter. Ich fragte Wolfgang, wo er denn glänzen wolle in seinem Leben. Erstaunt sah er mich an und meinte, nirgendwo. Er wolle nur, dass es seiner Familie gut gehe. Als ich ihn aufforderte, mir seine Vorstellung von Sicherheit und Wohlstand zu schildern, dauerte es nicht lange und er geriet ins Schwärmen. Ein schönes Haus sei schon notwendig und ein schickes Cabrio wäre auch nicht schlecht. Bei dem Auto hakte ich nach und fragte, welches Modell. Zehn Minuten lang beschrieb er mir daraufhin sein Traumauto in aller Ausführlichkeit, einschließlich Felgengröße und Musikanlage.

Wir meinen, unsere Stärken und Schwächen zu kennen. Natürlich kennen wir einige unserer schlechten Angewohnheiten und Macken, spätestens wenn die Mitmenschen uns darauf aufmerksam machen. Aber wissen wir auch die Ursache? Hier geraten wir bereits leicht ins Grübeln. In Wolfgangs Fall zeigte sich der Wunsch nach Profilierung der eigenen Person. Er wollte seiner Umgebung zeigen, dass in ihm etwas Großes schlummert, das durch sichtbaren materiellen Reichtum offenbar werden sollte. Hinter all dem steckte das Ur-Prinzip Selbstbewusstsein, in der Astrologie symbolisiert durch die Sonne, das von Wolfgang nicht bewusst angegangen bzw. nicht gelöst wurde.

Kämmen Sie sich auch stundenlang vor dem Spiegel und zupfen sich hier und dort ein graues Haar heraus? Wollen Sie eventuell mit Ihrem Aussehen glänzen, weil sonst kein Licht und Glamour in Ihrem Leben scheint? - Es ist keineswegs schlimm, Schwächen zu besitzen, aber schlimm, wenn einem die Gründe hierfür nicht bekannt sind. Wir müssen lernen, uns kritisch zu betrachten, unsere Lebensgewohnheiten unter die Lupe zu nehmen. Nicht um unsere Person schlecht oder klein zu machen, sondern um eine Sensibilität, ein Gespür für uns, für unser Denken und Handeln zu entwickeln. Umgekehrt verhält es sich mit unseren Talenten. Die Umwelt lobt uns weit weniger als sie uns tadelt. Falls Ihnen ein Fehler unterläuft, erhalten Sie sofort von Ihrem Chef, Ihrem Partner oder Ihren Kindern eine entsprechende Reaktion. Denken Sie an das Polaritätsgesetz. Erst beide Pole bilden eine Einheit, ebenso wie unsere Schwächen und Stärken. Unsere Schwächen sind die Voraussetzung für unsere Stärken, sie sind untrennbar miteinander verbunden. Erkennen wir unsere Schwächen an, macht uns das stark. Welche Talente schlummern in uns, ohne je entdeckt zu werden, nur weil wir uns keine Blöße geben wollen. Viele Entscheidungen und Projekte riskieren wir nicht, aus Angst, Schwäche zu zeigen. Kein Wunder also, dass unsere Stärken und Talente nicht zur Geltung kommen. Vertrauen Sie auf sich und nutzen Sie Ihre Schwächen.

Wolfgang erlebte mehrere Ereignisse, die ihn zwar kurzfristig ins Rampenlicht rückten, die er jedoch zugleich als Schmach empfand. Das eine Mal verwechselte man ihn mit einem gesuchten Terroristen und verhaftete ihn auf offener Straße. Ein anderes Mal unternahm er eine Probefahrt mit einem Luxusauto und verursachte keine fünf Minuten später einen Unfall. In beiden Fällen wiesen die Geschehnisse auf das Thema Selbstbewusstsein und Selbstvertrauen hin. In mehreren Sitzungen söhnte sich Wolfgang mit dem Ur-Prinzip Sonne aus. Vor kurzem sorgte er wieder für Aufsehen, diesmal aber nicht mit peinlichen Zwischenfällen, sondern mit einer Publikation, die besonderen Anklang in der Öffentlichkeit fand.

Die Stärken-/Schwächenanalyse dient dazu, sich selbst zu erkennen und seine Person anzunehmen, egal ob sie "Negatives" besitzt. Denken Sie an das Polaritätsgesetz, es gibt nichts Positives oder Negatives, sondern nur zwei Pole, die sich ergänzen. Söhnen Sie sich mit Ihren Schattenseiten aus, denn Selbstzweifel zerstören jegliche Idee und Fantasie. Diese sind, wie wir wissen, Ausgangspunkte für erfolgreiche Unternehmungen. Als geeignete Arbeitsmittel für die Analyse steht Ihnen eine Vielzahl von Möglichkeiten zur Verfügung. Die Psychotherapie, die Meditation, der Tarot, die Astrologie, um hier nur einige zu nennen. Die zu wählende Methode hängt von Ihren persönlichen Präferenzen ab. Letztendlich geht es darum, für sich selbst einen geeigneten Weg der Selbsterkenntnis zu finden. Denn wenn wir nicht wissen, wer wir sind und welche Aufgaben vor uns liegen, können wir auch nicht zielkonform handeln. Die persönliche Stärken-/Schwächenanalyse ist die erste Voraussetzung, um in den eigenen Lebensfluss einzutauchen.

Stärken-/Schwächenanalyse am Beispiel der Astrologie

In meiner Beratungspraxis verwende ich als Arbeitsmittel die Astrologie, um die Lebensthemen des Klienten herauszuarbeiten. Die Astrologie ist eine ausgezeichnete Methode, schnell die archetypischen Planetenprinzipien zu finden, mit denen sich der Horoskopeigner auseinandersetzen muss. In Wolfgangs Fall lag eine Opposition zwischen Sonne und Mars vor. Sonne symbolisiert Aktivität, Sebstvertrauen. Mars steht für Durchsetzung und Energie. Die Opposition zeigt an, dass die Eigenschaften vermutlich als Gegensätzlichkeit und nicht als Ergänzung erlebt werden. Wir diskutierten über diese Problematik und Wolfgang gab zu, dass er viel Energie verwendete, um finanzielle Vorteile zu erlangen. Im Laufe des Gesprächs wurde klar, dass er mit dem Geld die Aufmerksamkeit seiner Umgebung auf sich ziehen wollte. Wolfgang wollte auf gar keinen Fall ein Niemand sein. Er glaubte, mit Reichtum ließe sich Anerkennung kaufen. Als ich ihm erklärte, wie wichtig es sei, seine Schattenseiten anzuerkennen, setzte ein Umdenken bei ihm ein.

Ein weiterer Vorteil der Astrologie ist der, dass aus dem Geburtshoroskop nicht nur Lebensaufgaben, Stärken und Schwächen gut ablesbar sind, sondern auch mit Hilfe des Transit-Horoskops aktuelle Themenbereiche und deren mögliche zeitliche Auslösung angezeigt werden. Anhand der Transite können auch Ereignisse mit den Grundprinzipien in Zusammenhang gebracht werden. Ein immenser Vorteil bei der Analyse von Ereignissen und deren Ursachen. Ein Geburtshoroskop und eine Jahrestransit-Übersicht können Sie sich heutzutage relativ preiswert erstellen lassen.

Egal welches Mittel Sie für die Analyse wählen, Hauptsache Ihre Stärken und Schwächen offenbaren sich Ihnen. Schreiben Sie diese und das dahinter liegende Ur-Prinzip ruhig einmal auf einen Zettel. Denken Sie an Ereignisse aus der Vergangenheit. Versuchen Sie, sich zu erinnern, welche Ur-Prinzipien durch diese Zufälle angesprochen wurden. Vergleichen Sie diese mit Ihren Stärken und Schwächen auf dem Papier. Zu Ihrem Erstaunen werden Sie feststellen, dass die Ur-Prinzipien übereinstimmen. Meist sind es ein oder zwei wichtige Lebensthemen, die Ihnen durch Ereignisse immer wieder im Leben aufgetischt werden.

Leitgedanken
Stärken und Schwächen sind untrennbar miteinander verbunden und ergänzen sich zu einer Einheit.

Erkennen wir unsere Schwächen nicht an, können wir keine Stärke erleben.

Selbstzweifel zerstören unsere Idee und unsere Fantasie. Beide sind jedoch für ein erfolgreiches Durchführen von Projekten erforderlich.

Die persönliche Stärken-/Schwächenanalyse ist die erste Voraussetzung, um in den eigenen Lebensfluss einzutauchen.

Es gibt vielfältige Methoden, die den Weg zur Selbsterkenntnis erschließen. Das geeignete Mittel hängt von Ihren persönlichen Präferenzen ab.

Die Ereignisanalyse

Bei der Analyse von Ereignissen sollten wir nicht nur das gewohnte linear-kausale Denksystem heranziehen, sondern auch das Analoge Denken. Mit dessen Hilfe kommen wir der Ursache für den Zufall auf die Spur. Dem zu untersuchenden Ereignis ordnen wir ein sogenanntes Ur-Prinzip zu. Wir überlegen uns, ob wir diesem Prinzip bisher genügend Aufmerksamkeit geschenkt und es in unser Leben integriert haben.

In der Vielzahl der verschiedenen Ereignisse dürfen wir uns nicht verlieren. Jeder Mensch hat die Fähigkeit, die wesentlichen Schlüsselereignisse zu erkennen und sie in eine sinnvolle Reihe zu bringen. Häufen sich Ereignisse mit dem gleichen Hintergrundthema, bilden sie eine Ereigniskette. Es kann sich dabei um unterschiedliche Begebenheiten handeln, ihre Aussage ist jedoch immer die gleiche. An der Intensität der Geschehnisse können wir erkennen, wie gut wir das Thema bisher gelöst haben. Die Intensität der Ereignisse nimmt zu, je weniger wir reagieren und agieren.

Die Natur des Ereignisses gibt uns Aufschluss darüber, bei welchem Element Defizite unsererseits vorliegen können. Fehlt es uns z. B. an Ideenreichtum, werden wir Zufälle erleben, die unsere Kreativität ansprechen. Das Feuer in uns soll entfacht werden. Bei fehlender Entschlusskraft, die dem Luftelement zugeordnet wird, ergeben sich Ereignisse, die uns zum schnellen Handeln auffordern. Je nach Natur des Zufalls stehen diese mit dem Feuer-, Wasser-, Luft- oder Erdelement in Verbindung.

Wir müssen die entsprechende Situation und die Art, wie das Ereignis zustande kommt, genau untersuchen und auf unsere Person beziehen. Jedes Ereignis hat für uns als Betroffenen eine individuelle Bedeutung. Der Lernprozess ist, sich selbstkritisch zu betrachten und sich nicht als Lehrer aufzuspielen. Vergegenwärtigen wir uns dabei zwei Dinge. Erstens, das Ereignis resultiert aus unserem Denken und Handeln in der Vergangenheit. Wir sind also die eigentlichen Verursacher dieser Zufälle und damit voll verantwortlich. Zweitens spiegeln sich unsere individuelle Lebensthemen darin wider.

Leitgedanken

Das Analoge Denken hilft uns, die eigentliche Ursache des Zufalls herauszufinden. Hinter jedem Ereignis verbirgt sich ein Ur-Prinzip. Dieses gilt es zu erkennen und in unser Leben zu integrieren.

Damit wir uns in der Vielzahl der Zufälle nicht verlieren, wählen wir Schlüsselereignisse aus und bringen diese in eine Reihenfolge, die uns den übergeordneten Sinn erkennen läßt.

Die Natur des Ereignisses gibt uns Aufschluss darüber, bei welchem Element Defizite unsererseits vorliegen können.

Jedes Ereignis muss individuell für die eigene Person gesehen werden.

Die zündende Idee (Feuer)

Wie wir im ersten Teil des Buches erfahren haben, stehen Zufälle immer in unmittelbarer Verbindung zu unserem Leben. Sie liefern uns Hinweise und Ideen. Ein bekannter Drehbuchautor kam erst zum Schreiben, als er im Fernsehen *zufällig* einen Film sah, dessen Qualität ihn so in Rage brachte, dass er sich entschloss, selbst die Feder in die Hand zu nehmen. Sein erstes Drehbuch wurde prompt verfilmt und gipfelte in einem großen Kinoerfolg. Umso erstaunlicher, wenn man bedenkt, dass er bis dahin als Buchhalter arbeitete und vorher nie etwas mit Schriftstellerei zu tun hatte.

Bei Erika M., einer Klientin von mir, tauchte eines Tages *zufällig* eine Heuschnupfenallergie auf. Nachdem die Schulmedizin sie nicht heilen konnte, kam ihr die Idee, einen Heilpraktiker aufzusuchen. Dieser befreite sie innerhalb kurzer Zeit von ihrem Leiden. Heute ist Erika selbst Heilpraktikerin und hat die Naturmedizin zu ihrem Beruf erkoren. Ohne die damalige Allergie hätte sie sich nie für diesen Schritt entschieden.

Wie Sie vielleicht wissen, sind die meisten Millionäre aufgrund einer guten Idee reich geworden und nur die wenigsten durch Erbschaft oder Glücksspiel. Die Kunst ist es, eine zündende Idee zu finden oder noch besser, per *Zufall* zu erhalten und diese natürlich auch wahrzunehmen. Dabei können es gerade die kleinen Ereignisse sein, die letztlich als Auslöser fungieren. Wollen wir glücklich und zufrieden leben, müssen wir unseren Ideen Raum geben. In den beiden genannten Beispielen schlummerte seit geraumer Zeit das Talent für die eigentliche Berufung. Um diese an die Oberfläche zu holen, bedurfte es nur eines kleinen Zufalls. Diesem Zufall können wir auf die Sprünge helfen. Wir können ihn quasi herbeiführen, indem wir uns gedanklich und emotional mit dem beschäftigen, was uns auf dem Herzen liegt.

Jetzt, nachdem wir den Zusammenhang zwischen unserer Person und dem Zufall langsam erkennen, geht es darum, Ideen zu entwickeln, Ziele zu definieren, Visionen aufsteigen und materialisieren zu lassen, um in das persönliche Gleichgewicht zu gelangen.

Gibt es eine Methode, unseren Einfallsreichtum zu steigern? - In der Geschäftswelt finden wir die Vorgehensweise des sogenannten

Brainstorming wieder. Ein Begriff wird einer Gruppe von Personen genannt und diese halten schriftlich fest, was ihnen dazu einfällt. Später bei der Analyse werden nach und nach die Ideen aussortiert, weil sie nicht realisierbar oder zu teuer sind. Übrig bleibt meist eine sehr geringe Anzahl von Ideen, die förderungswürdig erscheinen. Wir selbst befinden uns nicht in der Geschäftswelt, sondern in unserer eigenen Welt, mit unseren eigenen Wünschen und Hoffnungen. Wir müssen auf unsere Eingebungen hören und sie, mögen sie noch so verrückt sein, nicht sofort als unrealistischen Unfug abtun. Zerstören wir gleich zu Beginn unsere Fantasie, zerstören wir gleichzeitig unser Vorhaben.

Schreiben Sie grundsätzlich Ihre Ideen und Wünsche auf, um sie mit Kraft aufzuladen. Generell erhält alles, was sie laut sagen und aufschreiben eine wesentlich stärkere Energie, als wenn sie die Idee nur im Geiste ausmalen. Falls Sie Ihre Einfälle sondieren, gehen Sie dabei nicht zu rational vor. Horchen Sie in sich hinein, was Ihr Gefühl sagt. Top-Manager treffen ca. fünfzig Prozent ihrer Entscheidungen aus dem Bauch heraus, ohne sie genauer begründen zu können. Verhalten Sie sich also ruhig wie ein Manager, der den Mut besitzt, auch irrationale Pfade einzuschlagen. Viele Ideen legen Sie von selbst wieder ab, weil sie Ihnen nicht oder noch nicht entsprechen.

Stärkung der Feuerenergie

Durch bestimmte Hilfsmittel, besonders jene, die das Feuerelement stärken, kann Ideenreichtum gefördert werden. Nehmen Sie sich Zeit für Ihre Träume, die in Ihnen aufsteigen und beschäftigen Sie sich damit. Falls Sie sich aber für eine Idee entscheiden, dann dürfen Sie nicht zögern, diese umzusetzen. Denn der Kosmos gibt Ihnen nur eine begrenzte Zeit, sich Ihren Wunsch zu erfüllen. Nutzen Sie die angebotenen Chancen.

Ein Klient erzählte mir, dass ihm die besten Ideen beim Betrachten des Sonnenaufgangs eingefallen seien. Verständlich - das Feuer der Sonne wirkt auf alle Lebewesen aktivierend und stimuliert unsere Lebensenergie. Bei der Ideensuche bewegen wir uns stets auf der Ebene des Feuerelements. Das bedeutet, wir müssen zuerst einmal das eigene Feuer in uns entfachen. Alles, was mit Aktivität, mit Dynamik, Entschlossenheit und Tatkraft in Verbindung steht, gehört diesem Element an. Daraus läßt sich eine Vielzahl von Möglichkeiten ableiten, die alle die Feuerenergie verstärken. Nachfolgend führe ich einige auf:

Offenes Feuer
Beim Betrachten eines Kaminfeuers oder allein beim Anschauen einer Kerzenflamme wird uns Wärme, Behaglichkeit und Aktivität suggeriert. Die Flamme richtet sich immer nach oben aus, d. h. sie ist zielgerichtet. Unser Zielbewusstsein wird hier in besonderem Maße angeregt.

Sport
Körperliche Ertüchtigung stimuliert unsere Angriffslust. Sport fordert uns heraus. Wir fühlen uns danach gestärkt. Jede Faser unseres Körpers ist angespannt, so als ob wir auf etwas zuschnellen möchten. Sport stärkt unsere Widerstandskraft und fördert unsere körperliche und geistige Ausdauer. Wählen Sie eine Sportart, die Sie aktiv ausüben können. Machen Sie regelmäßig Sport, um sich immer wieder neue Impulse zu geben.

Meditation
ist ein geeignetes und gutes Mittel, sich Raum zu schaffen für neue Ideen und Wünsche. Heutzutage gibt es eine Vielzahl von Meditationsarten. Welche für Sie die Richtige ist, spüren Sie bereits nach den ersten Sitzungen. Macht sich bei Ihnen ein Unwohlsein breit, ist diese Art der Meditation zu diesem Zeitpunkt für Sie eher das falsche Mittel. Dies ist keine Bewertung der jeweiligen Meditationsrichtung, sondern ist vielmehr von Ihrem persönlichen Typ abhängig.

Vielfalt der Möglichkeiten
Um die Feuerenergie zu stärken, können wir also auf viele unterschiedliche Mittel zurückgreifen. Dies reicht von unbewussten äußeren Reizen wie Motorradfahren, scharfen Gewürzen, bis hin zur bewussten Stimulation der inneren geistigen Kräfte. Gemeinsam steigern sie unser Ideenpotential und damit natürlich unsere Chancen, günstige Gelegenheiten zu ergreifen. Falls wir aber permanent unsere Feuerkraft bewusst einsetzen bzw. erhöhen wollen, läßt de-

ren Wirkung nach, weil unser Wille zwangsläufig ermüdet. Vielmehr geht es darum, seine Feuerenergie gezielt und punktuell zu gebrauchen. Einzelne Impulse im gewohnten Tagesablauf zu erhalten, ohne uns dabei zu verkrampfen. Am besten können wir dies durch den Einsatz von Symbolen bewerkstelligen, die wir am Arbeitsplatz oder zu Hause platzieren bzw. an unserem Körper tragen. Sie unterstützen uns bei der Verfolgung unserer Ziele, darüber hinaus besitzen sie eine besondere Aussagekraft bei Ereignissen.

Leitgedanken

Am Anfang eines erfolgreichen Projektes steht immer die Idee, die der Ebene des Feuerelements zugeordnet ist.

Durch Zufälle können wir richtungsweisende Einfälle und Informationen erhalten. Wir können diese Ereignisse herbeiführen, indem wir uns mit unseren Wünschen und Zielen gedanklich und emotional beschäftigen.

Unsere Ideen benötigen Raum. Ausschließlich rationales Denken zerstört unsere Idee und Fantasie. Hilfsmittel, die das Feuerelement repräsentieren, fördern unseren Ideenreichtum.

Symbole können uns bei der Verfolgung unserer Ziele unterstützen. Bei Ereignissen geben sie zusätzliche Informationen preis.

Die schöpferische Fantasie (Wasser)

Nachdem uns Ideen gekommen sind, geht es nun darum, diese in unserer Fantasie auszumalen und mit Energie zu versehen. Je stärker unsere Suggestionskraft, umso wirkungsvoller und schneller tritt das gewünschte Resultat ein.

Auf der Wasserebene dreht sich alles um die Vision - Ihre Vision. Wir müssen das Unmögliche wollen, damit wir das Mögliche erreichen. Nehmen Sie diese Redewendung ruhig wörtlich. Malen Sie mit Hilfe der Vorstellungskraft Ihre Ziele und Wünsche aus. Je detaillierter, umso effektiver. Sie schaffen in diesem Augenblick eine Wirklichkeit, allerdings wie schon bei der Feuerebene, auf einer geistigen Stufe. Diese ist jedoch Voraussetzung, damit das Ereignis im irdisch-materiellen Raum später überhaupt eintreten kann.

Wir sind dabei, unser Vorhaben zu konkretisieren, es in unseren Gedanken zu formulieren. Geben Sie dem neuen Projekt ruhig einen Namen. Dies erhöht die Vorstellungskraft ungemein. Käfer, Smart, Carrera, Phaeton sind Namen für Autos. Warum gibt die Autoindustrie Millionen für die Namensgebung aus? - Weil Namen für Erfolg, Reichtum, Schönheit, Vergnügen usw. stehen. Sie üben eine unglaubliche Wirkung und Faszination auf uns aus. Allein der Name kann über Erfolg und Misserfolg entscheiden. Die Werbeindustrie weiß dies nur zu gut.

Ein Projekt ist im weitesten Sinne Ihr Kind. Mit der Idee erblickt es das Licht der Welt, und nun gilt es, ihm einen Namen zu geben, sich darum zu kümmern, es zu hegen und zu pflegen, solange bis es groß ist. Unser Ziel muss es sein, unser Kind stark zu machen, damit es den Angriffen von außen standhalten kann. Wir müssen es mit allem versorgen, was es hierfür benötigt. Es ist ein Teil von uns und unser persönlicher Erfolg hängt schließlich von ihm ab.

Um unsere Vorstellungskraft und Fantasie zu erhöhen, sollten wir uns mit dem Wasserelement in Verbindung setzen. Gehen Sie baden, unternehmen Sie eine Bootsfahrt, bauen Sie sich einen Brunnen in den Garten, malen Sie Aquarelle. Egal was Sie treiben, Hauptsache Ihre Imaginationskraft wird angeregt.

Traditionell symbolisiert das Wasserlement auch unser Gefühlsleben. Gefühle, wie Hass oder Liebe, besitzen eine äußerst starke Bindungskraft. Füllen wir ein Vorhaben mit unserer Liebe, verfügt es über Charisma und erzielt bessere Resultate. Viele Angestellte werden mit Projekten betraut, mit denen sie sich nicht identifizieren, für die sie keine Liebe, kein gutes Gefühl aufbringen. Nicht zufriedenstellende Ergebnisse sind die logische Folge. Katja W. wunderte sich über ihre Erfolglosigkeit im Beruf. Sie sagte mir, dass sie eigentlich viel lieber Lehrerin geworden wäre. Meine Antwort war, sie solle ihren Beruf als Psychologin an den Nagel hängen. Der Beruf muss zugleich Berufung sein. Lieben wir unseren Beruf nicht, werden wir auch keinen Erfolg erzielen. Engagieren wir uns gefühlsmäßig von ganzem Herzen, erzielen wir fast immer gute Resultate.

Wobei gesagt werden muss, dass Hassgefühle im Grunde die gleiche Wirkungskraft besitzen. Die persönliche Entwicklung wird jedoch durch negative und nicht verarbeitete Gefühle zurückgeworfen. Als Folge befinden wir uns im Ungleichgewicht, das zwangsläufig zu Verlusten und Niederlagen führt. Diese können materieller oder immaterieller Natur sein.

Wir dürfen unsere Gefühle nicht leugnen. Wir sollten z. B. unsere Ängste erkennen und analysieren. Wir alle besitzen Ängste und Zweifel. Das ist zwar normal, aber keineswegs erstrebenswert. Sich mit Gefühlen auseinandersetzen ist etwas anderes, als sich von ihnen beherrschen lassen. Nur dann befinden wir uns im Gleichgewicht und sind stark. Lassen wir die Gefühle fließen, stimulieren wir unsere Fantasie, dann fällt es uns leicht, unser Vorhaben in schillernden Farben und Tönen auszumalen. Der Erfolg wird zunehmend greifbarer, und vor dem geistigen Auge können wir ihn deutlich sehen. Er nimmt immer mehr Gestalt an und ist für uns bereits real. Bis zu der Umsetzung auf der Ereignisebene sind es nur noch wenige Schritte.

Stärkung des Wasserelements

Die Vorstellungskraft, die Gefühlswelt und die Fantasie werden durch Betonung des Wasserelementes begünstigt. Es stehen geeignete Hilfsmittel zur Verfügung, die Sie nach Ihren persönlichen Präferenzen auswählen können. Machen Sie sich aber bewusst, wann und wofür Sie die Mittel einsetzen. Ich führe nachfolgend einige der vielen Möglichkeiten auf:

Träume

Jeder Mensch träumt während des Schlafes. Das Unterbewusstsein erzählt uns in Bildern das Tagesgeschehen, die aktuellen Probleme, unsere Wünsche und Hoffnungen. Durch Träume erhalten wir wichtige Informationen und Anregungen. Eine Bekannte von mir, die sich seit längerem mit dem Gedanken trug, den Beruf zu wechseln, träumte, wie ihr Notizkalender auf den Boden fiel und alle Terminzettel verloren gingen. Nach meiner Ansicht ein Hinweis, dass ihr bisheriger Arbeitsplatz bald der Vergangenheit angehören dürfte, was ein Jahr später auch eintrat. Träume können uns helfen, Entscheidungen vorzubereiten bzw. diese leichter zu treffen. Manchmal erhalten wir sogar Hinweise aus einer anderen Zeitebene, so dass wir sogar einen Blick in eine mögliche Zukunft werfen können.

Machen Sie die Probe! Sagen Sie vor dem Einschlafen laut, dass Sie sich am Morgen an Ihren Traum erinnern wollen. Sie können auch bestimmte Themen vorgeben, z. B. "ich möchte von meiner beruflichen Karriere träumen". Bleiben Sie nach dem Aufwachen möglichst liegen, idealerweise in der vorherigen Schlafposition und versuchen Sie, sich an Ihren Traum zu erinnern. Schreiben Sie die Traumbilder und eine entsprechende Interpretation Ihrerseits auf. Vergleichen Sie diese mit Ereignissen aus der Vergangenheit, mit der Gegenwart und der Zukunft. Sie können eine Art Traumtagebuch führen. Es gibt Ihnen zahlreiche Aufschlüsse über die eigene Person, über Ihre zu lösenden Aufgaben und Ihr Umfeld. Verzweifeln Sie nicht gleich, wenn Sie sich nicht an Ihre Träume erinnern. Wiederholen Sie den Vorgang und spätestens nach zwei Wochen werden Sie Erfolg haben. Nachfolgend einige Hilfsmittel, die das Wasserelement verstärken:

Autosuggestion

Mit Hilfe der Autosuggestion können wir bewusst unser Unterbewusstsein im gewünschten Sinne beeinflussen und für uns arbeiten lassen. Hierzu werden Kurse wie Autogenes Training, Heilmeditation etc. angeboten. Wenn Sie die Techniken erlernt haben, dürfte es Ihnen nicht schwer fallen, diese jederzeit und überall gezielt anzuwenden. Auch geben wir uns selbst Suggestionen ein. Ein Klient von mir, der an einer Universität unterrichtete, sagte z. B. vor jedem Vortrag, "Ich bin ruhig und gelassen, ich trage meinen Vortrag mit Gelassenheit vor". Wenden wir aber ständig die Autosuggestion an, wird deren Einfluss schwächer. Wie es übrigens auch bei allen anderen Hilfsmitteln der Fall ist. Eine permanente Überreizung führt immer zu einer nachlassenden Wirkung. Beachten Sie unbedingt das Gesetz der Ausgewogenheit.

Kunst

Der Bereich der Künste ist sehr eng mit dem Wasserelement verbunden. Durch ihn können wir unseren Empfindungen und Gefühlen Ausdruck verleihen und unsere schöpferische Fantasie anregen. Sicherlich kennen Sie dieses Hochgefühl nach dem Besuch eines gelungenen Musikkonzerts oder eines Theaterbesuchs. Wir fühlen uns energetisch aufgeladen und belebt. Unseren Wünschen und Hoffnungen wachsen Flügel, und sie heben uns kurzzeitig aus dem Alltagstrott heraus. Unsere Sensibilität wird durch die verschiedenartigen Künste wie Musik, Malerei, Töpferei etc., deutlich erhöht und läßt uns die Welt optimistischer angehen.

Auch der eigene Gesang kann uns in andere Sphären emportragen. Unsere eigene Stimme im Raum zu hören, gibt uns Kraft und setzt Energien frei. Mit einer gut ausgebildeten Stimme können wir z. B. die Mitmenschen auf uns aufmerksam machen und sie regelrecht verzaubern. Mit Worten können wir Brücken bauen oder sie zerstören.

Pflanzen

Sie geben uns Halt und öffnen unser Herz. Blumen können manchmal mehr sagen als tausend Worte. Die Schwingung der Pflanzen harmonisiert unsere Umgebung und schafft eine friedlichere Atmosphäre.

Sport

Es gibt viele Sportarten, die das Element des Wassers betonen. Sei es, dass Sie indirekt unsere Fantasie anregen oder durch das Element selbst, wie z. B. beim Schwimmen, Tauchen oder Windsurfen. Sport setzt ungeheure Emotionen frei. Nicht nur beim Sportler selbst, sondern auch beim Zuschauer. Die körperliche Anstrengung verleiht uns Spannkraft. Wir fühlen uns nach dem regelmäßigem Ausüben von Sport leistungsfähiger und vitaler. Das kommt auch dem Gefühlsleben zugute.

Massagen

Durch Körperarbeit, z. B. Akupunktmassagen, Ayurvedische Massagen, können Energieströme beim Menschen ins Fließen gebracht werden. Diese verbessern nicht nur die körperliche Widerstandskraft und die Heilung, sondern sie bringen auch unsere geistige Energie zum Fließen. Unsere Intuition und Fantasie werden durch Massagen positiv beeinflusst.

Sexualität

Zärtlichkeit und Sexualität haben generell eine belebende und gesundheitsfördernde Wirkung. Mit ihr können wir uns neue Dimensionen erschließen. Sexualität beflügelt unsere Sinne und macht uns fast unbesiegbar. Aber sie birgt die Gefahr, dem Trieb zu verfallen und die Ausgewogenheit zu verlieren.

Hubert M. war völlig verzweifelt als er mich aufsuchte. Seine Frau hatte sich in einen anderen Mann verliebt und wollte sich von ihm trennen. Hubert drohte ihr, sich umzubringen, falls sie ihn verlassen sollte. Er war ihr sexuell hörig. Ich machte ihm klar, dass Erpressung nicht der richtige Weg sei und falls er den Freitod wählen sollte, er allein die Verantwortung dafür trage. Nicht seine Frau oder jemand anders sei für seine Entscheidung verantwortlich. Tatsächlich verließ ihn seine Frau, aber mit Hilfe eines Therapeuten kam er über den Verlust hinweg und ordnete sein Leben neu.

Leitgedanken

Unsere Idee muss mit Hilfe der schöpferischen Fantasie zu einer Vision heranreifen. Die Vorstellungskraft ist für das Einlösen unserer Wünsche mitentscheidend.

Projekte sind unsere Kinder, geben wir ihnen einen Namen, verleihen wir ihnen Stärke.

Hilfsmittel, die das Wasserelement verkörpern, fördern unsere Fantasie.

Zielgerichtetes Handeln und Denken (Luft)

In dieser Phase richten wir unser gesamtes Denken und Handeln auf die Umsetzung der Vision aus. Aktuelle Ereignisse geben uns bereits erste Hinweise, ob und mit welchen Widerständen zu rechnen ist. Sie zeigen uns an, wie wir am schnellsten ans Ziel kommen. Ein Klient von mir wollte in sein Traumhaus ziehen. Zuerst hatte er die Absicht, das Haus von einem Architekten entwerfen und bauen zu lassen. Nachdem sich die Stolpersteine häuften, in Form von kleinlich ausgelegten Bauvorschriften und Auflagen seitens der Gemeinde, änderte er seinen Plan. Er rief alle möglichen Makler an, bis er ein Objekt fand, das seinen Vorstellungen nahe kam. Mit einem anschließenden Umbau verwandelte er es in sein Traumhaus. Vermutlich war dies die schnellere und nervenschonendere Lösung.
In der Planungs- und Handlungsphase, verkörpert durch das Luftelement, befinden wir uns in der irdisch-materiellen Ebene. Unsere Absichten werden jetzt für Dritte sichtbar und dadurch auch angreifbarer.

Unser Denken und Handeln konzentriert sich in dieser Phase auf die Zielerreichung. Wir legen fest, welche Ziele wir genau anstreben, wir definieren deren Quantität und Qualität. Kurzum, wir planen unsere Zukunft. Es versteht sich von selbst, dass die gewählten Ziele im Einklang mit den kosmischen Gesetzen stehen müssen. Das beinhaltet zum Beispiel, dass wir bei der Umsetzung unserer Ziele niemanden manipulieren dürfen.

Wir müssen aus der gewonnenen Erkenntnis rasch und bestimmt handeln. Auf der Luftebene geht es wirklich darum, Pläne zu entwickeln und Taten folgen zu lassen. Der rationale Verstand ist hier in besonderem Maße gefragt. Zweifel an unseren getroffenen Entscheidungen und sonstige Ängste wirken sich jetzt besonders fatal aus. Unnötige Verzögerungen wie auch sinnloses Vorwärtsstürmen ohne tiefere Erkenntnis gefährden Ihr gesamtes Vorhaben. Denken Sie an das Polaritätsgesetz und schaffen Sie den Ausgleich. Anhand von Zufällen können Sie erkennen, ob Sie im Plan sind oder nicht.

Wie können Sie vorgehen? Am Anfang entwerfen Sie nur einen Grobplan. Nehmen wir einmal an, Ihre Vision ist es, eine Kunstgalerie zu gründen. Der Detailplan, Gewerbe anmelden, Lieferanten zu finden, ergibt sich meist automatisch. Es könnte sich unter Umständen ungünstig auswirken, wenn Sie durch die Vielzahl der Details Ihre Tatkraft einbüßen, sprich vor lauter Bäumen den Wald nicht mehr erkennen. Sie verlieren die Lust und Ihre Vision aus den Augen. Das Projekt ist dann zwangsläufig zum Scheitern verdammt. Denken Sie eher in großen Dimensionen und trauen Sie sich ruhig etwas zu. Für die Detailarbeit können Sie auf Experten zurückgreifen, die über das notwendige Fachwissen verfügen. Es ist nicht entscheidend, sich selbst das Wissen anzueignen, sondern vielmehr den Zugang zu finden.

Zu rechter Zeit stoßen Sie auf die entsprechenden Leute, die Sie unterstützen und Ihnen weiterhelfen. Katja S. wollte mit einem neuen Naturprodukt den Markt erobern. Das Erzeugnis sollte die Vitalität und Gesundheit stärken und war bei einigen Personen aus ihrem Bekanntenkreis erfolgreich getestet worden. Katja hatte aber keine Ahnung, wie die Massenherstellung und weitere Vermarktung vonstatten gehen sollten. Vielleicht kommt mir im Urlaub eine Erleuchtung. Mit dieser optimistischen Einstellung reiste sie in den Süden. Im Flugzeug durfte sie *zufällig* in der Business-class Platz nehmen, obwohl sie ursprünglich in einer anderen Klasse gebucht hatte. Sie kam mit ihrem Nachbar ins Gespräch und es stellte sich heraus, dass der andere Fluggast Vertriebsleiter eines Pharmakonzerns war. Dieser begeisterte sich im Laufe der Unterhaltung für ihr Produkt, das sie am Ende an seine Firma gewinnbringend verkaufen konnte. Natürlich gilt es auch hier, die Gelegenheiten mit Hilfe der Sensibilität zu erkennen, denn sie sind nicht immer so offensichtlich, wie in Katjas Fall.

Worin besteht überhaupt das Planen und Handeln? - Wir können zwischen der Ausarbeitung und Umsetzung unterscheiden, die direkt mit dem Projekt in Verbindung steht, und derjenigen, die nur indirekt mit dem Vorhaben eine Beziehung eingeht.

Bei ersteren dürften wir keine Schwierigkeiten haben, uns entsprechende Vorgänge vorzustellen. Nehmen wir unser vorheriges Beispiel mit dem Kunsthandel. Der Existenzgründer sucht per Annonce Geschäftsräume für seine Galerie, er verhandelt mit potentiellen Geschäftspartnern, führt erste Gespräche mit Künstlern usw. Alle Handlungen weisen eine unmittelbare Beziehung zu seinem Projekt auf. Problematischer wird es bei den indirekten Kontakten, die auf den ersten Blick nichts mit dem Vorhaben zu tun haben, sich aber trotzdem entscheidend auf den laufenden Prozess auswirken können.

Stellen Sie sich vor, der Jung-Unternehmer hat einen lang andauernden Disput mit einem seiner Nachbarn. Zu Beginn des Unternehmensstarts söhnt er sich mit diesem aus, weil er das starke Gefühl verspürt, mit ihm Frieden zu schließen. Aufgrund des Harmoniebedürfnisses hat er sich zu einer Handlung durchgerungen, die ihm sicher nicht leicht fiel, die jedoch für ihn unumgänglich schien. Dieser Vorgang hat nichts mit seinem eigentlichen Geschäftsvorhaben zu tun und doch herrscht eine Verbindung. Erstens werden durch den beigelegten Streit Energien frei, die er für das Umsetzen seines Projekts bestens verwenden kann. Das ist sicherlich für jeden nachvollziehbar, der sich bereits mit einem Nachbarn angelegt hat. Der zweite Effekt ist der der Kontaktaufnahme. Rufen Sie sich das Kapitel "Analoges Denken" in Erinnerung. Die Aussöhnung und die Kompromissbereitschaft mit dem Nachbarn findet auf der Kommunikationsebene statt. Es sind genau die Eigenschaften, die der Kunsthändler auch für seine Geschäftsbeziehungen benötigt, um erfolgreich zu sein.

Es ist folglich nicht nur entscheidend, direktes Planen und Handeln vorzunehmen, sondern die aus dem gesamten Umfeld gewonnenen Erkenntnisse in die Tat umzusetzen. Die ganzheitliche Betrachtung der Person muss immer im Vordergrund stehen. Es genügt keineswegs, nur rational sein Vorhaben zu verfolgen. Wenn wir uns irgendwo im Ungleichgewicht befinden, wirkt sich das hemmend auf uns und alle unsere Ziele aus. Betrachten Sie sich und Ihr Umfeld zu Beginn eines Unternehmens kritisch. Analysieren und erkennen Sie, wo Sie nicht im Gleichgewicht sind und handeln Sie entsprechend. Das Handeln und Planen auf der Luftebene zieht alle Bereiche Ihres Lebens mit ein. Wenn Sie getan haben, was getan werden musste, dann können Sie getrost abwarten. Haben Sie Geduld und verlassen Sie sich auf den Kosmos.

Förderung des Luftelements

Auf der Luftebene sind Mittel geeignet, die uns einerseits Klarheit und die nötige Distanziertheit bringen, andererseits unsere Abenteuerlust und Einsatzbereitschaft erhöhen. Auch Ihr Fleiß und Ihre Beharrlichkeit sollten durch den Einsatz dieser Mittel gestärkt und gefördert werden:

Düfte
Flüchtige Stoffe besitzen eine natürliche Verbindung zum Luftelement. Sie können uns berauschen, aber auch den Geist frei machen und den Kontakt zu anderen Personen herstellen.

Spiele
dienen der Kommunikation. Während des Spiels unterhalten wir uns mit den Mitspielern, tauschen uns gegenseitig aus, verbinden oder kämpfen mit ihnen. Der Spielablauf fordert von den einzelnen Teilnehmern schnelle Entscheidungen. Spiele üben für das "Spiel des Lebens". Abenteuer, Kampf, Durchsetzung, Intrigen, Kameradschaft, Erotik, Solidarität, berechnendes Kalkül - all das können wir in der Begegnung erleben.

Sport
Ähnlich wie beim Spielen fördert der Sport viele Eigenschaften, die für entschiedenes Handeln und klares Denken Voraussetzung sind. Es gibt Sportarten, die dem Luftelement näher stehen, z. B. Denksportarten wie Schach, Go-Bang etc. Diese verlangen von uns logisches, rationales Denken aber ebenso Kreativität. Des weiteren der Sport, der unmittelbar mit dem Luftelement zusammenhängt, wie Segeln, Fallschirmspringen usw. Hier heben wir in der Tat vom Boden ab und lassen unsere Probleme auf der Erde zurück. Mit dem Blick von oben ändert sich unsere Sichtweise radikal. Generell steigert Sport unsere Ausdauer und Beharrlichkeit. Durch das Luftholen und -ausstoßen spüren wir körperlich den Bezug zu diesem für uns wichtigen Luftelement.

Leitgedanken
In der Phase der Luftebene richten wir unser gesamtes Denken und Handeln auf die Umsetzung der Vision aus. Wir legen unsere Ziele fest und planen somit die Zukunft.

Ereignisse geben uns Aufschluss, wie wir unsere Ziele erreichen können bzw. wo wir mit Widerständen zu rechnen haben.

Von uns gewonnene Erkenntnisse müssen ggf. rasch in die Tat umgesetzt werden. Daraus resultierende Entscheidungen dürfen nicht auf die lange Bank geschoben werden.

Auf der Luftebene sind Mittel wie Spiel, Sport, Düfte, geeignet, weil sie Klarheit bringen und die Einsatzbereitschaft erhöhen

Die Einlösung der Wünsche (Erde)

Unsere Ziele und Wünsche manifestieren sich für jeden sichtbar auf der Ereignisebene, die dem Erdelement zugerechnet wird. Wir erreichen somit die letzte Stufe unseres Prozesses. Haben wir stets konform gehandelt, von der Idee bis zu deren Umsetzung, können wir nun auch positive Ergebnisse erwarten. Unsere Ziele konkretisieren sich und wir selbst befinden uns im Lebensfluss.

Aufmerksamkeit ist jedoch auch auf der Erdebene gefragt. Manchmal erhalten wir Ereignisse, deren Bedeutung wir auf den ersten Blick überhaupt nicht erkennen. Sie sollen uns auf etwas Bestimmtes hinweisen und können u. U. der Anfang einer gesamten Ereigniskette sein. Nehmen wir die Zufälle nicht wahr, kann sich die Einlösung unserer Wünsche schnell in Luft auflösen.

Eine Klientin von mir plante einen Stellenwechsel und befolgte die Regeln von der Idee bis zur Umsetzung . Sie hatte bereits einige erfolgreiche Vorstellungsgespräche hinter sich gebracht und konnte nun zwischen zwei Firmen wählen. Beide versprachen eine aussichtsreiche Position als Vorstandsassistentin mit gutem Einkommen. Die Entscheidung fiel ihr schwer. Schließlich gab sie dem einen Unternehmen den Vortritt, weil ihr dort der Verantwortungsbereich größer schien. Genau bei dieser Firma war sie beim Vorstellungsgespräch ausgerutscht und fast die Treppe hinuntergestürzt. Sie hatte diesem kleinen Zwischenfall keine Bedeutung zugemessen. Zwei Monate, nachdem sie die Stelle beim neuen Arbeitgeber angetreten hatte, musste dieser Insolvenz anmelden. Meine Klientin verlor ihren Job. Das Ereignis mit dem Beinahesturz deutete auf den künftigen Verlust der Stelle hin.

Wir können also auf der tiefer liegenden, irdisch-materiellen Erdebene noch Gelegenheiten und Chancen wahrnehmen oder sie auslassen. Allerdings ist der Handlungsspielraum, in unser Schicksal eingreifen zu können, bereits wesentlich geringer als wir glauben. Das klingt verrückt, denn gerade in dieser Phase agieren und reagieren wir besonders viel. Es scheint, wir könnten frei entscheiden und handeln und doch sind wichtige Abläufe und Begegnungen bereits durch die vorangegangen Ebenen festgelegt. Ähnlich einem Zug, in den Sie eingestiegen sind. Der Zug fährt in eine vorgegebene Richtung. Plötzlich merken Sie, dass Sie ganz woanders hinreisen möchten. Ihre Möglichkeiten, die Richtung zu ändern, sind stark eingeschränkt. Entweder springen Sie aus dem Zug, was eventuell für Ihre Gesundheit nicht gerade förderlich ist, oder Sie ziehen die Notbremse, oder Sie steigen bei der nächsten Haltestelle aus. In allen drei Fällen fehlt vermutlich der Anschluss, um schnell das neue Reiseziel zu erreichen. Es bleibt Ihnen nichts anderes übrig, als auf eine gute Gelegenheit zu warten. Ihr eigentlicher Fehler lag in der Wahl des falschen Zuges, der nicht ohne weiteres korrigiert werden kann.

Unser Spielraum ist durch unser vergangenes Tun oder Nichttun vorherbestimmt und begrenzt. Wir haben uns auf den vorhergehenden Ebenen bereits eine Wirklichkeit erschaffen, die jetzt in der äußeren, sichtbaren Welt zum Vorschein kommt. Der Umsetzungsprozess ist in vollem Gange. Die Energien unserer Ideen und Gedanken kristallisieren sich nun in der Erdebene heraus. In dieser Materialisierungsphase geht es insbesondere darum, die geplanten Schritte in eine konkrete Form zu bringen, ein Vorgang nach dem anderen abzuarbeiten und Abschlüsse herbeizuführen, um das Gesamtziel einzulösen.

Sie können es mit einem Hausbau vergleichen. Nachdem Sie das Haus geplant haben, folgt nun die Umsetzung. Stein für Stein erschaffen Sie zuerst den Rohbau. Der nächste Schritt ist der Innenausbau. Auch hier steht Materie, die wir mit unseren Händen fassen können, im Vordergrund. Anschließend folgt der Umzug, der den eigentlichen Abschluss bildet. Wir müssen auf der Erdebene bestrebt sein, greifbare Resultate zu schaffen. Das wird uns nicht immer leicht fallen. Zufälle geben uns neue Impulse, um in unserem Streben nach Einlösung des Ziels nicht nachzulassen. In dieser Phase gilt es, sich nicht nur intellektuell zu engagieren, sondern vielmehr auch tatkräftig mitanzupacken. Pragmatismus ist gefragt und weniger Träumereien. Solide, geordnet und transparent sollten wir nun gegenüber der Außenwelt auftreten.

Falls Sie selbst Schwierigkeiten haben, Dinge in der irdisch-materiellen Welt voranzutreiben, sollten Sie sich die Unterstützung von entsprechenden Personen sichern. Trotz allem dürfen Sie sich nicht in die warme Stube zurückziehen und Ihre Belange den anderen überlassen. Vielmehr ist Ihr Einsatz an vorderster Front gefordert. Muntern Sie Ihre Mitarbeiter und Mitstreiter auf, geben Sie ihnen neue Impulse. Zeigen Sie, dass sie von Ihnen nicht im Stich gelassen werden.

Ereignisse geben uns Aufschluss, wie gut eine Sache gereift ist, ob wir demnächst am Ziel unserer Träume angelangt sind. Lassen Sie sich dabei nicht täuschen von einem scheinbar negativen Vorfall. Betrachten Sie ihn kritisch und fragen Sie sich immer, was er Ihnen wohl sagen wollte. Oftmals stellen sich die größten Erfolge nach einem sogenannten Misserfolg ein. Vielleicht werden Ihre Hartnäckigkeit und Beharrlichkeit auf die Probe gestellt. Werfen Sie die Flinte nicht gleich ins Korn, wenn sich Hemmnisse auftürmen und unüberwindbar scheinen. Der Kosmos belohnt Ihre steten Bemühungen, darauf können Sie vertrauen.

Stärkung des Erdelements

Alle Dinge, die uns Sicherheit und Ordnung geben, unsere Bodenständigkeit und Verwurzelung fördern, können wir als geeignete Mittel heranziehen. Von Natur aus eignen sich Gegenstände, die eng mit dem Erdelement verknüpft sind. Durch sie erfahren wir, dass wir mit der Erde in Verbindung stehen. Sie geben uns inneren und äußeren Halt.

Pflanzen

Alle pflanzlichen Lebewesen schlagen Wurzeln. Sie halten auf irgendeine Weise Bodenkontakt. Es geht von ihnen Sicherheit und Wärme aus. Im Sommer unter einem Baum zu liegen und den Schutz vor der Sonne zu spüren, erfüllt uns mit Geborgenheit. Die Schwingung der Pflanzen geben uns Ruhe und Ausgeglichenheit. Umgeben Sie sich mit Ihren Lieblingspflanzen, zu Hause und am Arbeitsplatz. Pflegen Sie sie mit Liebe - und Sie erhalten ein Vielfaches an Liebe zurück.

Natürliche Materialien

Denken wir z. B. an Steine. Allein ihr Gewicht, ihre Masse gibt uns das Gefühl von Beständigkeit. Ihre Musterung und ihr Farbenspiel füllt uns mit Lebensfreude. Holz ist ebenfalls gut geeignet, uns mit dem Erdelement zu verbinden. Das natürliche Wachstum und die Schwingung des Baumes sind in diesem Material enthalten. Fassen wir einen Stock an, vermittelt uns das Stück Holz ein Gefühl von Stärke und Sicherheit. Natürliche Materialien sind kleine Kraftzentren. Je unbelassener, desto höher ihre Schwingung und Wirkung auf uns. Sie helfen uns dabei, ins Gleichgewicht zu kommen.

Handwerkliche Tätigkeiten
Bei der Verarbeitung von natürlichen Rohstoffen wie Ton, Holz, Steinen, Metallen etc., fühlt man deren Energie sehr intensiv. Sie halten uns vor Augen, dass wir mit unseren Händen etwas Neues erschaffen. Wir können den schöpferischen Prozess in uns wahrnehmen und tanken uns selbst mit Kraft auf. Kraft, die wir für die Erreichung unserer Ziele bennötigen. Arbeiten wie Töpfern, Goldschmieden usw. bestätigen uns, gute Leistungen zu vollbringen und stärken unser Selbstvertrauen.

Erdung
Stehen Sie mit Ihren Füßen fest auf dem Boden. Beugen Sie Ihre Knie leicht an. Spüren Sie, wie Energie von der Erde auf Sie übergeht bzw. wie überschüssige Energie, die hinderlich ist, unseren Körper verläßt. Über das Erden gibt es im Fachhandel sehr gute Literatur. Es ist eine ausgezeichnete Methode, unseren Energiehaushalt ins Gleichgewicht zu bringen.

Leitgedanken
Unsere Ziele und Wünsche manifestieren sich für jeden sichtbar auf der Ereignisebene, die dem Erdelement zugerechnet wird. Es ist die letzte der vier Ebenen von der Idee bis zu deren Umsetzung.

Ereignisse zeigen uns in dieser Phase, ob sich unsere Hoffnungen konkretisieren oder in Wohlgefallen auflösen.

Wir können auf der Erdebene noch Gelegenheiten ergreifen oder Chancen auslassen. Der Handlungsspielraum, in unser Schicksal noch eingreifen zu können, ist gering, weil er durch unser vergangenes Tun oder Nichttun vorherbestimmt ist.

In der Einlösungsphase geht es insbesondere darum, die geplanten Schritte in eine konkrete Form zu bringen, Vorgänge abzuarbeiten und Abschlüsse herbeizuführen, um das Gesamtziel einzulösen.

Ereignisse geben uns Aufschluss wie gut eine Sache gereift ist. "Negative Zufälle" können unsere Ausdauer und Beharrlichkeit auf die Probe stellen.

Wirkung und Aussage von Symbolen

Symbole sind deshalb von herausragender Bedeutung, weil wir sie zur Verstärkung unserer Wünsche einsetzen können. Andererseits spielen sie bei Zufällen eine wichtige Rolle, indem sie uns etwas mitteilen. Die Wirkung der Symbole kommt dadurch zustande, dass sie zuvor von Gedankenkraft durchdrungen worden sind. Da jeder Mensch den göttlichen Funken in sich trägt, kann er Symbole erschaffen, die Kraft und Wirkung besitzen. Hermann K. zum Beispiel trug ständig eine Münze bei sich, die ihm sein Vater geschenkt hatte, als er noch ein kleiner Junge war. Hermann war fest davon überzeugt, dank dieser Münze so viel Glück in seinem bisherigen Dasein erlebt zu haben. Er führte eine harmonische Ehe und leitete seine eigene Firma, die er, aus ärmlichen Verhältnissen stammend, aufgebaut hatte. Einmal verlegte er die Münze und verlor just an diesem Tag einen großen Auftrag. Seit diesem Tag glaubte er noch mehr an die Kraft seines Talismans.

Allgemeine und Persönliche Symbole

Wir dürfen uns und unser Glück nicht von Symbolen bestimmen lassen, trotz allem besitzen sie eine unterstützende Wirkung, wenn wir sie mit positiver Energie aufladen. Der Vorgang kann bewusst ablaufen, indem wir z. B. sagen, jener Gegenstand hat für mich ab sofort diese Bedeutung, oder unbewusst, in dem wir durch den Gegenstand an ein bestimmtes Ereignis erinnert werden. Es gibt allgemein bekannte Symbole, die bereits vor Hunderten von Jahren von vielen Menschen mit Gedankenkraft aufgeladen worden sind. Der Mond, die Pyramide und das Kreuz gehören zum Beispiel dazu.

Eine zweite Möglichkeit besteht darin, sich ein persönliches Symbol herzustellen. Man nimmt hierzu einen Gegenstand, der einen positiv anspricht, und gibt ihm bewusst den Auftrag, eine bestimmte Funktion zu erfüllen. Sie könnten z. B. ein Mandala malen und es als Symbol für eine harmonische Partnerschaft einsetzen. Hängen Sie es an einen Ort, an dem sie mehrmals am Tag vorbeikommen. Immer wenn Ihr Blick *zufällig* auf das Bild fällt, werden Sie an den damit verbundenen Wunsch erinnert. Ihr Unterbewusstsein arbeitet in diesen Augenblicken für Sie und fördert die Beziehung zum Partner.

Aussage und Auswahl von Symbolen

Die unterschiedlichsten Gegenstände können ein persönliches Symbol darstellen. Einem Klienten von mir geschah ein Missgeschick, als ihm ein kleiner Stein, aufgewirbelt von einem vorausfahrenden LKW, die Windschutzscheibe zertrümmerte. Fortan nahm er diesen Stein als Glücksbringer, weil ihm bei dem Unfall nichts Schlimmeres zugestoßen war. Ein Stein ist zweifelsohne ein Sinnbild für Festigkeit, Härte, Unnachgiebigkeit. Er kann z. B. darauf hinweisen, dass wir zuviel Härte an den Tag legen, zu engstirnig oder stur auftreten. Es sind viele Möglichkeiten denkbar. Sobald wir den Stein mit unserem Wesen und Verhalten in Zusammenhang bringen, spüren wir aber, welche Bedeutung er speziell für uns einnimmt.

Lassen Sie Ihrer Intuition bei der Aussage und Auswahl von Symbolen freien Lauf. Machen Sie sich öfters bewusst, wann Sie auf der Feuerebene agieren und denken Sie daran, dass jede Ebene der vier Elemente ihre eigene Realität besitzt. Das heißt, das Geschehen auf der geistigen Feuerebene ist genauso real wie das auf der sichtbaren irdisch-materiellen Ebene, auch wenn es für Außenstehende noch nicht fassbar ist. Erschaffen Sie auf jeder Ebene Ihre individuelle Wirklichkeit, damit der Lebensfluss und die Umsetzung bis hin zur Erdebene gelingen.

Feuer-Symbole

Die Pyramide, das Sonnenzeichen, ein rotes Dreieck, um nur wenige zu nennen, sind Symbole der Feuerenergie. Sie sprechen einerseits unsere Dynamik und Tatkraft an, andererseits wecken sie in uns die Zuversicht und Kontaktfreude. Wir können uns bewusst mit solchen Symbolen umgeben. Wichtig ist, dass Sie keine negativen Empfindungen bei uns auslösen, weil sie ansonsten unsere Ängste und Zweifel fördern.

Wasser-Symbole

Es gibt Symbole, die besonders unsere Gefühle ansprechen. Das können zum einen Gegenstände sein, die das Wasserelement visuell hervorheben. Denken Sie z. B. an Bilder mit Wassermotiven,

Springbrunnen, Wasserschalen und ähnliches. Immer wenn unser Blick auf sie fällt, regen Sie indirekt unsere Fantasie und Vorstellungskraft an. Zum anderen kommen alle anderen Dinge in Betracht, die uns emotional ansprechen. Wir befinden uns dann auf der Wasserebene.

Die Menschheit kennt sehr alte Symbole, die dem Wasserelement zuzurechnen sind. An erster Stelle wäre der Mond zu nennen, der unsere Gefühle symbolisiert. Er steht in erster Linie für das Weibliche. Die Sonne repräsentiert das Männliche und bildet den Gegenpol zum Mond. In der Astrologie verkörpert Neptun unter anderem die Intuition, die Traumwelt und die Fantasie. Im Tarot wird der Kelch als Zeichen des Wasserelements herangezogen. Das offene Gefäß zeigt an, dass man bereit ist, etwas aufzunehmen. Fische, Wellen, Flüsse, fließende Gewänder, blaue Farbtöne haben eins gemeinsam: Sie symbolisieren das Wasserelement und wecken in uns Emotionen.

Luft-Symbole

Im Tarot wird als Luftzeichen das Schwert verwendet. Schwingt man das Schwert in der Luft, schneidet man mit der scharfen Klinge die Luft förmlich entzwei. Mit dieser Waffe können klare Verhältnisse geschaffen werden. Das Schwert ist das Sinnbild für entschlossene Entscheidungen. Von der Göttin Justitia kennen wir als weiteres Symbol die Waage, die als Messinstrument die Ausgewogenheit einer Sache prüft. In der Astrologie repräsentieren Merkur und Uranus das Luftelement, wobei ersterer Kommunikation und Information verkörpert, letzterer Freiheit und Unabhängigkeit.

Aus der Natur sind z. B. Vögel, Wolken, Eis, Edelsteine zu nennen, die dem Luftelement nahe stehen. Wir können natürlich wiederum unsere eigenen Symbole schaffen. Suchen Sie sich geeignete Gegenstände heraus, die für sie die Eigenschaften des Luftelements am besten widerspiegeln, z. B. Bilder, ein Diamant oder eine Schachfigur. Laden Sie diese Symbole mit Ihrer Energie auf. Sagen Sie z. B. laut, der Armreif symbolisiert meine Kontaktfreude, der Stein auf meinem Schreibtisch vermittelt mir Klarheit. Platzieren Sie die Symbole in Ihrer Nähe oder tragen Sie sie am Körper.

Erd-Symbole
Das Erdelement ist eng mit der Materie verbunden. Der Tarot verwendet deshalb eine Münze als Zeichen dieses Elementes. Die Münze ist hart, und wenn wir sie in den Händen halten, vermittelt sie uns einen guten Eindruck der festen Materie. Unsere Mutter Erde ist natürlich das beste Beispiel für das Erdhafte. Nur durch das Zusammenwirken mit anderen Gestirnen kann sie ein Gleichgewicht herstellen, das es den Menschen ermöglicht, auf ihr bzw. mit ihr zu leben.

Auch der Mensch selbst hat durch seinen Körper eine starke Beziehung zum Erdelement. In der heutigen Zeit könnte man fast glauben, alles drehe sich um die Materie. Geld und Luxusgüter vernebeln uns den Sinn für das Geistige. Nach dem Gesetz der Polarität wird sich auch hier die Balance einpendeln. Der menschliche Geist muss über die Materie herrschen und nicht umgekehrt. Wobei die Materie nicht verteufelt werden soll, denn sie ist ein wichtiges und bedeutendes Element in unserem Leben.

In der Astrologie ist der Planet Saturn das Symbol für die Materie. Er ist das Zeichen für Beharrlichkeit, solides Arbeiten und Sich-Durchbeißen-Müssen. Oft kennen wir nur seine gegensätzlichen Eigenschaften, wie Geiz und krampfhaftes Sicherheitsbedürfnis. Vergessen wir lieber die einseitige Anschauung von positiv und negativ und wenden wir uns der ganzheitlichen Betrachtung zu, die von ergänzenden Polen ausgeht.

Für die Herstellung erdverbundener Symbole eignen sich bestens alle natürlichen Stoffe und Gegenstände, die Beständigkeit, Stabilität und Festigkeit ausdrücken. Sie geben uns Halt im Leben. Stellen Sie Ihre Erd-Symbole an Orten auf, wo sie zur Geltung kommen und ihre natürliche Schwingung entfalten können. Die Symbole helfen uns, sich mit unseren Unternehmungen zu verwurzeln.

Leitgedanken
Symbole können uns bei der Verfolgung unserer Ziele unterstützen.

Wir können persönliche Symbole erschaffen, indem wir sie mit Energie aufladen und ihnen eine bestimmte Aussagekraft geben.

Feuer-Symbole stärken unsere Dynamik und Tatkraft; Wasser-Symbole erhöhen unsere Suggestionskraft; Luft-Symbole fördern die Kommunikation, unser Denkvermögen, unsern Ideenreichtum und Erd-Symbole vermitteln Halt, Stabilität und Sicherheit.

Freiwillige Korrekturen

Im Idealfall können wir auf allen vier Ebenen eine Harmonie herstellen, die es uns ermöglicht, in den Lebensfluss zu gelangen und unser Ziel zu erreichen. Positive Ereignisse und Resultate begleiten uns auf diesem Weg. Was geschieht jedoch, wenn wir Fehler machen? - Wo gehobelt wird, fallen bekanntlich Späne. Fehler können wir nicht immer vermeiden. Wichtig ist, dass wir uns dabei nicht in die eigene Tasche lügen, sondern zu unserem Tun und dessen Konsequenzen stehen. Wir sind für unsere Zufälle selbstverantwortlich - vergessen wir das nie.

Es ist sicherlich besser, uns unterlaufen Fehler, als wenn wir vor lauter Angst gar nichts tun. Kritisieren ist wesentlich leichter, als selbst aktiv zu werden. Irrtümer und Missverständnisse einzugestehen, zeichnet wahre Stärke aus. Es geht also darum, Fehler zu erkennen und entsprechende Korrekturen vorzunehmen. Bei der Fehlersuche helfen uns nur allzu gern die Mitmenschen, die uns mit der Nase auf unsere Irrtümer und Fehler stoßen. Zum anderen erhalten wir durch die vielen Zufälle eine Rückmeldung, die uns spontane Einsichten ermöglicht. Schlagartig erkennen wir Zusammenhänge, die uns vorher noch nicht bewusst waren. Aufgrund dieser Warnungen und Hinweise können wir rechtzeitig Korrekturen vornehmen. Das Nachschlagewerk befasst sich ausführlich mit den möglichen Entsprechungen der Ereignisse. Denn um erfolgreich zu sein, ist es außerordentlich wichtig, diese Zufälle interpretieren zu können und adäquate Änderungen einzuleiten. Je früher und je besser uns dies gelingt, umso schneller kommen wir ans Ziel.

Was passiert, wenn wir die kleinen Zwischenfälle, die Warnzeichen nicht wahrnehmen? Vielleicht weil unsere eingebaute Antenne für diese Art der Ereignisse nicht sensibilisiert ist oder ganz einfach, weil wir sie nicht wahrhaben wollen. Die Intensität und Anzahl der Ereignisse erhöht sich, solange bis wir das dahinter liegende Thema in unser Leben integriert haben. Stellen Sie sich vor, Sie sprechen jemanden an und diese Person reagiert nicht auf Ihre Worte. Vielleicht ist sie schwerhörig, denken Sie und sprechen lauter. Immer lauter, solange bis Ihre Worte Gehör finden. Genau so verhält es sich auf der Ereignisebene. Die Warnzeichen werden zunehmend deutlicher, bis sie am Schluss von Ihnen nicht länger ignoriert werden können. Oft ist es dann zu spät und das Schicksal hat seinen Lauf genommen. Vielleicht mit einem Unfall, der irreparable Gesundheitsschäden hinterläßt.

Wir sollten uns davor hüten, Ereignisse in gut oder schlecht einzuordnen. Beide Pole ergänzen sich, ohne den einen kann es auch den anderen nicht geben. Wären wir z. B. nie krank, wüßten wir überhaupt nicht, was Gesundheit bedeutet. Zufälle, die unsere Mitmenschen treffen, können wir nicht beurteilen. Das gleiche Ereignis kann für den einen u. U. eine ganz andere Botschaft enthalten, als für uns. Machen wir nicht den Fehler, uns in die Angelegenheiten des anderen einzumischen, sondern kümmern wir uns um uns selbst.

Der Kosmos läßt uns die Wahl, freiwillig Korrekturen einzuleiten oder anhand von Ereignissen zwangsweise auf den richtigen Pfad zurückzukehren. Im Extremfall können wir auch die Einsicht gewinnen, nicht nur die Art der Zielerreichung, sondern das Ziel als solches zu wechseln. Durch bestimmte Schlüsselsituationen merken wir vielleicht, dass wir unser Ziel revidieren müssen. Weil es nicht oder noch nicht mit uns harmoniert. Aus der Erkenntnis getroffene Entscheidungen wirken sich meist vorteilhaft aus.

Nachdem Sie Fehler erkannt haben, sollten Sie umgehend die notwendigen Korrekturen vornehmen. Aber wie sollten diese im einzelnen aussehen? Sie können z. B. auf der Feuerebene ansetzen, indem Sie neue Ideen gewinnen, mit denen die Ziele doch noch erreicht werden. Des weiteren können Sie auch die vergangenen Ereignisse und Abläufe Revue passieren lassen. War vielleicht irgendwann ein Knackpunkt, durch den ein falscher Weg eingeschlagen wurde? Beziehen Sie bei der Analyse auch scheinbare Nebensächlichkeiten mit ein, als Hilfsmittel ziehen Sie das Analoge Denken heran. Vielleicht war es nur eine Kleinigkeit, die Ihnen entgangen ist, die jedoch eine große Wirkung erzielte.

Erinnern Sie sich an das Beispiel mit dem Kunsthändler, der eine Galerie gründen wollte. Nehmen wir mal an, er hat alle Schritte richtig ausgeführt, die entsprechenden Experten herangezogen, gute Verträge geschlossen und doch bleibt der Erfolg aus. Für den Standort der Galerie wählte er eine belebte Fußgängerstraße, genau neben einer stark frequentierten Kneipe. Beim Unterschreiben des Mietvertrages verspürte er ein leichtes Unbehagen im Magen. Nachdem die Kunden ausbleiben, analysiert der Kunsthändler den Unternehmensstart. Er erinnert sich an dieses bedrückende Gefühl in der Magengegend. Plötzlich bemerkt er, dass seine Kundschaft von dem Lärm und Geruch der Kneipe abgestoßen wird. Sofort entschließt er sich zu einem Standortwechsel. Der Mietvertag ist nichtig, weil der Vermieter ihn nicht auf die Lärmbelästigung aufmerksam gemacht hat. Die neue Lage seines Geschäftes verspricht Erfolg. Seine Schlussfolgerung, in andere Räume zu ziehen, stellte sich als goldrichtig heraus.

Wenn Sie sich unsicher fühlen, ob und welche Korrekturen notwendig sind, können Sie sich bei Personen Ihres Vertauens Rat holen. Wichtig ist, sie sind Ihnen wohlgesonnen und glauben an Ihr Projekt.

Leitgedanken

Ereignisse sind Rückmeldungen, resultierend aus unserem vergangenen Tun oder Nichttun, die es uns ermöglichen, Fehler zu erkennen.

Die aus Zufällen gewonnenen Einsichten sollten rasch zu Korrekturen unseres bisherigen Denken und Handelns führen. Die Revision unseres Vorgehens kann auf allen vier Elementenebenen erfolgen.

Die Intensität und Anzahl der Ereignisse erhöht sich solange, bis wir das dahinter liegende Thema in unser Leben integriert haben.

Der Kosmos läßt uns die Wahl, freiwillig Korrekturen einzuleiten oder anhand von Ereignissen zwangsweise auf den richtigen Pfad zurückzukehren.

Die persönliche Entwicklung auf dem Weg zum Erfolg

Die Entwicklung der Persönlichkeit ist in den Prozess, von der Idee bis zu deren Einlösung, unausweichlich mit eingebunden. Wir selbst und unsere Einstellungen ändern sich laufend, genauso wie sich auch unsere Ziele ändern. Früher wollten Sie vielleicht ein großes Haus, ein schönes Auto besitzen und heute sehnen Sie sich nach einer harmonischen Partnerschaft. Die eigene Person und ihre Intentionen entwickeln sich fortlaufend. Wir selbst haben es in der Hand, an uns und unserem Schicksal zu arbeiten.

Die Konfrontation mit den kosmischen Urprinzipien ist unumgänglich. Permanent erfahren wir im Leben Situationen, um bestimmte Themen wie Freiheit, Verantwortungsbewusstsein etc., in unser Leben zu integrieren. Meistern wir diese Prozesse, kommen wir dem Lebensfluss ein gutes Stück näher. Flucht vor unseren Aufgaben und Prüfungen führt zu unnötigen Umwegen und uns auferlegten Korrekturen. Wir können unseren nicht gelösten Problemen nur kurzzeitig ausweichen, am Ende holen sie uns immer wieder ein. Daher ist es besser, sich gleich mit ihnen auseinanderzusetzen.

Sobald wir unsere Ziele erreicht haben, werden wir wiederum neue Ideen entwickeln und der Prozess beginnt von vorne. Es setzt eine Entwicklungsspirale ein, die uns immer höher führt, hin zur Selbstverwirklichung und Vollkommenheit. Der Geist kennt keine Grenzen außer jenen, die wir uns selbst auferlegen.

Warum gibt es steinreiche Männer mit bösartigen Charakterzügen? - Warum haben diese Erfolg und ich nicht, wo ich mich doch geistig weiterentwickle? - Jeder definiert seinen Erfolg anders. Manche streben materielle, andere geistige Güter an. Das regelt jeder individuell für sich. Wir sollten hier keine Bewertung vornehmen. Jemand kann materiell erfolgreich sein, ohne sich geistig weiterzuentwickeln oder ein "guter" Mensch zu sein. Die kosmischen Gesetzmäßigkeiten funktionieren immer, auch ohne unser Zutun. Wir sollten im Einklang mit ihnen und den zu integrierenden Urprinzipien sein, ansonsten wird sich keine Zufriedenheit bei uns einstellen und sich der Erfolg verabschieden.

Die kosmischen Gesetze sind gerecht, denn sie sorgen stets für Ausgewogenheit. Falls der Reiche nichts von seinem Vermögen abgibt, keine Gegenleistung dafür erbringt, wird er seinen Besitz früher oder später wieder verlieren. Denken Sie an die Lottomillionäre, die nach zwei Jahren bereits ihr gewonnenes Geld vergeudet haben. Der Kosmos hat natürlich eine andere Zeitrechnung. Der Ausgleich kann vielleicht sogar erst in einem späteren Leben eintreten.

Jegliche Beurteilung unsererseits, ob jemand das Ereignis und seine Folgen verdient oder nicht, ist subjektiv und damit nichtig. Wir kennen nur ein Bruchteil der Informationen und wollen uns ein Urteil anmaßen? Besser wir kehren vor unserer eigenen Haustür. Schließlich sind wir alle selbstverantwortlich für unser Leben.

Leitgedanken
Die Auseinandersetzung mit den kosmischen Urprinzipien ist unumgänglich, um in den Lebensfluss zu gelangen.

Die kosmischen Gesetze sind gerecht, denn sie sorgen stets für ein harmonisches Gleichgewicht.

Der Geist kennt keine Grenzen außer jenen, die wir uns selbst auferlegen. Sobald wir unsere Ziele erreicht haben, werden wir wiederum neue Ideen entwickeln und den Prozess von vorn beginnen.

Eine Beurteilung von anderen und deren Ereignisse ist anmaßend, subjektiv und damit nichtig.

TEIL III

FALLBEISPIELE AUS MEINER PRAXIS

Ereignisse aus dem Berufsleben

Die meiste Zeit verbringen wir im Beruf, an unserem Arbeitsplatz. Hier gehen wir im Idealfall unserer Berufung nach. Wir spüren eine starke Kraft, die es uns ermöglicht, aktiv und erfolgreich im Berufsleben zu agieren. Wir stehen im Einklang mit unseren Bedürfnissen und Talenten. Im ungünstigeren Fall ist der Beruf ein Job, mit dem wir Geld verdienen, um unsere Existenz zu sichern. Trifft uns die Arbeitslosigkeit, kann diese auch eine große Chance sein, zu neuen Ufern aufzubrechen. Im Gegenzug birgt sie die Gefahr, endgültig in eine Welt abzutauchen, in der Resignation und Trauer herrschen. Das muss nicht sein, wir selbst haben es in der Hand, aus unserer Situation, sei sie auch noch so vertrackt, etwas Sinnvolles zu machen. Wir müssen lediglich auf die Zeichen achten, die uns durch Zufälle zuteil werden.

Kündigung

Herbert W. übte seinen Beruf als Buchhalter bereits mehrere Jahre aus. Inzwischen hatte er mehrmals den Arbeitsplatz gewechselt, doch stellte sich innerhalb kürzester Zeit eine innere Unzufriedenheit bei ihm ein. Obwohl die Vorgesetzten seine guten Leistungen lobten, regte er sich stets über sie auf. Herberts letzter Chef besaß einen ziemlich autoritären Führungsstil, Widerspruch seitens der Mitarbeiter wurde im Keime erstickt. Beschwerte sich einer der Untergebenen beim nächsthöheren Vorgesetzten oder bei der Personalabteilung, fruchtete dies nicht sonderlich, denn der Chef war ein sehr fähiger und wichtiger Mann für die Firma.

Es blieben anscheinend nur die beiden Möglichkeiten übrig, sich anzupassen oder zu kündigen. Herbert fühlte sich der Situation ohnmächtig ausgeliefert. Er hatte es satt, länger den Mund zu halten, traute sich jedoch nicht zum offenen Widerstand gegen seinen despotischen Chef. Als sich die wirtschaftliche Lage des Unternehmens verschlechterte, sollten die Personalkosten gesenkt werden. Denjenigen aus der Belegschaft, die bereit waren, freiwillig zu gehen, bot man großzügige Abfindungen an. Herbert und einer seiner Kollegen zögerten nicht lange und ergriffen den glücklichen Zufall beim Schopfe.

Das Ereignis der Kündigung ist die Beendigung eines bestimmten Zyklus und zugleich der Beginn eines neuen. Wir müssen die Entscheidung akzeptieren, egal, ob wir sie getroffen haben oder ob sie uns aufgezwungen worden ist. Aus dem Rückblick, welche Ursachen und eigene Defizite zu der Trennung führten, können wir Erkenntnisse gewinnen und diese bei nächster Gelegenheit umsetzen. Schauen wir nicht mit Wut oder Wehmut zurück, sondern lassen wir die Vergangenheit ruhen und übernehmen die volle Verantwortung für die Aufhebung des Arbeitsverhältnisses. Kündigung bedeutet immer Neuanfang und zugleich Chance. Die neu gewonnene Freiheit wird durch das Uranus-Prinzip und die verlorene Sicherheit durch das Saturn-Prinzip verkörpert.

Machtkämpfe am Arbeitsplatz

Herbert überdachte sein vergangenes Tun und kam zu dem Schluss, dass er in Zukunft seiner Meinung mehr Ausdruck verleihen müßte, andernfalls würde ihn die Ohnmacht wieder einholen. In Herberts Fall spielen die zwei Pole Macht und Ohnmacht eine entscheidende Rolle. Der herrschsüchtige Chef lebte die ihm übertragene Macht extrem aus, insbesondere gegenüber den Untergebenen. Seine Mitarbeiter zogen sich fast widerstandslos auf den Standpunkt der Ohnmacht zurück. Das Gleichgewicht innerhalb der Abteilung und ihre Funktionsfähigkeit wurden somit gesichert.

Das Ur-Prinzip Macht, repräsentiert durch den Planeten Pluto, war bei den einzelnen Mitarbeitern gestört. Auch der Chef machte hier keine Ausnahme. Nur weil seine Untergebenen sich von ihm unterdrücken ließen, konnte er so übermächtig werden. Dies war sogar eine zwingende Voraussetzung, um das Leistungspotenzial der Abteilung aufrecht zu halten. Ein Bereich, indem keiner die Verantwortung übernimmt, wäre auf Dauer zum Scheitern verurteilt. Jeder Einzelne hat mit seinem Verhalten die entstandene Situation zu verantworten. Niemand kann deshalb die Schuld jemandem in die Schuhe schieben oder sie für einen anderen übernehmen.

Chancen wahrnehmen

Das Ereignis mit dem überraschenden Abfindungsangebot war für Herbert die Einlösung seines lang gehegten Wunsches, die Firma zu verlassen. Er erkannte dies und handelte auf der Luftebene rasch. Dies war absolut notwendig, weil das Abfindungsangebot kurze Zeit später von der Firma zurückgezogen wurde. Die eigentliche Kündigung steht mit den Ur-Prinzipien Sicherheit (Saturn) und Freiheit (Uranus) in Verbindung. Herbert verließ bewusst den Schutz der finanziellen Sicherheit zugunsten seiner eigenen Unabhängigkeit. In der Folgezeit überlegte sich Herbert, ob er in seinem Leben die richtige Berufswahl getroffen hatte. Zeit hatte er ja nun reichlich.

Nach einigen Wochen kam er zu der Erkenntnis, dass er sich mit einer Buchhandlung selbstständig machen wolle. Eine zündende Idee sozusagen. Anstatt diese Vision in seiner Fantasie positiv auszumalen, begann Herbert an seinem Einfall zu zweifeln. Er rechnete sich aus, wieviel Schulden er für das Geschäft aufnehmen müßte und stellte sich lebhaft vor, was passieren würde, wenn die Kunden ausblieben. Kurzum Herbert tat alles, um seine Idee zu Grabe zu tragen, bevor sie sich überhaupt entfalten konnte. Sein Fehler war, dass er zu schnell ins Detail ging und die Gefahren stärker gewichtete. Als Folge verlor er seinen Mut, seine Energie und seine Zuversicht. Herbert entschied sich gegen seine Idee mit der Buchhandlung und suchte stattdessen wieder eine Stelle in seinem angestammten Beruf.

Die Konkurrenz

Herbert fand schnell eine neue Anstellung als Buchhalter. Im Gegensatz zu seinem alten Arbeitsverhältnis fühlte sich Herbert diesmal gleich von Anfang an unzufrieden. Die gewohnten Abläufe erinnerten ihn an seine alte Firma und widerten ihn regelrecht an. Interessanterweise war sein neuer Chef ein völlig anderer Typ als der alte. Er unterschied sich vor allem im Führungsstil, der aus Laisser-faire bestand. Jeder in der Abteilung machte im Grunde was er für richtig hielt. Eine Einheit gab es nicht, vielmehr Einzelkämpfer, die sich gegenseitig neideten und nur eines im Sinn hatten, sich nach außen zu profilieren.

Das Ur-Prinzip von Konkurrenz, Kampf und Wettstreit lautet Durchsetzung und Aggressivität. Der Planet Mars verkörpert diese

Eigenschaften. Während eine gesunde Auseinandersetzung uns wichtige Erkenntnisse verschaffen kann, dürfen wir aber gemäß den kosmischen Gesetzen nicht zu unlauteren Mitteln greifen. Ansonsten würden wir Schuld auf uns laden, die irgendwann von uns eingelöst werden muss. Das heißt jedoch nicht, dass wir unsere Rechte nicht verteidigen sollen.

Ein Kollege von Herbert mischte sich ständig in dessen Arbeit ein und kritisierte ihn häufig. Herbert hatte die ständigen Anfeindungen satt und suchte beim Abteilungsleiter Beistand. Dieser steckte den Kopf in den Sand und ließ die Sache auf sich beruhen. Hatte er sich früher darüber aufgeregt, dass sich der Chef in alle Belange einmischte, ärgerte er sich nun über das tatenlose Zuschauen. Herbert erinnerte sich an seinen damaligen Hauptfehler und sagte nun offen seine Meinung. Es kam zum Konflikt mit dem betreffenden Kollegen und mit seinen Vorgesetzten.

Intrige und Mobbing am Arbeitsplatz

Der Kollege, der großen Einfluss bei der Geschäftsleitung besaß, trug mit Herbert kleine und größere Machtkämpfe aus. Notwendige Informationen gab der Kollege absichtlich nicht an ihn weiter. Als Folge konnte Herbert teilweise seine ihm aufgetragenen Arbeiten nicht ordnungsgemäß erfüllen. Der Kollege wies natürlich andere Mitarbeiter und Vorgesetzte auf diese Mängel hin. Dabei verschwieg er, dass er Herbert Unterlagen und Informationen vorenthalten hatte, um ihn zu denunzieren.

Eine Intrige hat viel mit dem Ur-Prinzip Täuschung und Unehrlichkeit zu tun, das durch den Planeten Neptun symbolisiert wird. Man umgeht die offene Konfrontation, weil man glaubt, sich hierdurch Vorteile zu verschaffen. Als Betroffener ist darauf zu achten, weiterhin ehrlich und offen den Konflikt auszutragen und sich auf die Spielchen des anderen nicht einzulassen. Herbert tat dies und verteidigte sich offen gegen die Anschuldigungen des Kollegen, ebenso gegen Gerüchte, die in der Firma in Umlauf gesetzt wurden. Obwohl sein Chef wusste, wer der eigentliche "Übeltäter" war, half er Herbert nicht und schaute weiterhin ohnmächtig dem Treiben zu.

Demütigung

Im Gegensatz zu seinem Kollegen wurde Herbert bei der jährlichen Gehaltssteigerung übergangen, obwohl seine Arbeitsleistungen weit über Normalmaß lagen. Herbert fühlte sich in seinem Stolz getroffen, empfand er doch das Übergangen-werden als öffentliche Demütigung und Verurteilung seiner Person. Als adäquate Antwort blieb ihm aus seiner Sicht nur die Kündigung.

Was bedeutet Demut? - Wir müssen den Mut haben, uns vor anderen zu beugen und unsere Grenzen anzuerkennen. Demut hat in erster Linie mit unserem Selbstwertgefühl und Selbstbewusstsein zu tun. Die Sonne steht für das eigene ICH und für die Ausrichtung unserer Person. In der neuen Firma hatte sich Herbert vielleicht zu weit aus dem Fenster gelehnt, er, der als letzter in die Abteilung gekommen war, wollte eine Führungsrolle einnehmen. Diese hatte jedoch der Abteilungsleiter bereits stillschweigend an den Kollegen abgetreten, der das eigentliche Sagen in der Abteilung hatte.

Der Machtkampf zwischen Herbert und seinem Kollegen ging zu seinen Ungunsten aus. Zum einen, weil er als Letztgekommener den letzten Rang hatte, zum anderen weil die Stelle überhaupt nicht seiner Berufung entsprach. Als Auslöser diente das Ereignis der unterlassenen Gehaltssteigerung. Man versagte Herbert die Steigerung seiner Ansprüche und damit seine Machtausdehnung. Dieser zog daraufhin die Konsequenzen und verließ das Unternehmen. Herbert war bereit, und das ist von elementarer Bedeutung, die Verantwortung hierfür zu übernehmen.

Ereignisanalyse

Herbert erfuhr im Umgang mit seinen Vorgesetzten in erster Linie das Ur-Prinzip Macht. Innerhalb seiner Arbeitsverhältnisse lernte er, was Macht und Ohnmacht bedeutet. Ist ein Pol gestört, so ist es auch der andere. Der alte Chef verkörperte das Zuviel an Macht und der neue das Zuwenig, auch Ohnmacht genannt. Herbert bemerkte sein eigenes Defizit und entschloß sich, etwas zu ändern. Seine eigentliche Aufgabe bestand darin, das Ur-Prinzip Macht in sein Leben zu integrieren und sich mit ihm zu versöhnen, im Sinne von Ausgleich. Die Loslösung von der eigenen Ohnmacht hin zur ausgeglichenen Macht gelang ihm nicht auf Anhieb. Seine Idee von der Selbstständigkeit versiegte, weil vielleicht die Zeit noch nicht reif war. Er musste erst durch die zweite Stelle das eigene Machtstreben erfahren und lernen, was Macht und Machtmissbrauch bedeutet.

Der ohnmächtigeVorgesetzte spiegelte ihn selbst wider und sein bisheriges Umgehen mit der Macht. Der Kollege, der gegen ihn intrigierte, verkörperte den Machtmissbrauch. Herbert selbst bekam seine Grenzen aufgezeigt, weil er vielleicht über das Ziel hinausschoss. Die Zufälle mit der Abfindung und der unterlassenen Gehaltssteigerung zeigten die richtige Zeit an. Die Zeit, um notwendige Veränderungen vorzunehmen. Herbert hat diese Chancen erkannt und genützt.

Er eröffnete einige Monate nach der erneuten Kündigung eine Buchhandlung. Seine ursprüngliche Vision wurde Wirklichkeit. In seiner Fantasie malte er sich diesmal rosige Zeiten aus. Zum Teil sind diese schon eingetreten. Mit dem Thema Macht ist er seitdem im Gleichgewicht und damit auch im Lebensfluss. Vermutlich musste er diese Aufgabe "Umgang mit der Macht" lösen, bevor sein Traum wahr werden durfte. Die erfolgreiche Führung eines Geschäfts, der Umgang mit Kunden, Lieferanten und Mitarbeitern, setzt ein ausgewogenes Verhältnis zur Macht voraus.

Überlegen Sie selbst, welches Ur-Prinzip Sie bei Ihrem Berufsleben erkennen, deuten und integrieren können. Vergeuden Sie nicht Ihre Zeit für Tätigkeiten, die Ihnen nicht entsprechen oder an Orten, wo Ihre Leistung nicht in ausreichendem Maße gewürdigt wird. Wechseln Sie, falls nötig, den Arbeitgeber oder den Arbeitsplatz, aber finden Sie sich bitte nie mit einer misslichen Situation ab. Werden Sie aktiv und gestalten Sie Ihr (Berufs-)Leben.

Bei der Suche nach einem Job hilft Ihnen das stufenweise Vorgehen gemäß der vier Elementenebenen. Finden Sie die zündende Idee - gestalten Sie sie im Geiste aus - handeln Sie entsprechend Ihrem Plan - achten Sie auf Zufälle in Ihrer Umgebung während der Realisierungsphase. Für einen Neuanfang ist es nie zu spät. Vielen erfolgreichen Menschen gelang der Durchbruch erst im fortgeschrittenen Alter.

Ereignisse aus dem Bereich der Partnerschaft

In Zweierbeziehungen begegnen sich zwei Menschen, die sich durch eine Kraft zueinander hingezogen fühlen. Die ausstrahlende Energie des einen trifft auf sein Gegenüber und umgekehrt. Es gibt verschiedene Arten der Begegnung, durch Vereinigung, durch Austausch oder Konfrontation. In allen drei Fällen entsteht eine enge Bindung zu unserem Partner, der für uns eine besondere Bedeutung einnimmt. Durch ihn können wir neue Erfahrungen und Erkenntnisse gewinnen. Dabei muss das Zusammenleben keineswegs harmonisch ausfallen, es können alle Höhen und Tiefen durchlebt werden. Offenheit, Ehrlichkeit und gegenseitiger Respekt sind jedoch die besten Garanten für ein harmonisches Zusammenleben.

Machen Sie sich bewusst, dass Sie immer genau den Partner anziehen, den Sie verdienen. Jede Partnerschaft erfüllt ihren Sinn und Zweck. Bei einer Trennung spielen Schuld und Unschuld keine Rolle, jeder hat für sich selbst die Verbindung und ggf. deren Auflösung zu verantworten. Geht die geistige Entwicklung beider Partner getrennte Wege, ist die Aufhebung der Zweierbeziehung eine logische Konsequenz. Nicht nur Liebes-, sondern auch Geschäftspartnerschaften fallen in diese Betrachtung. Ob ein Paar verheiratet ist oder nicht, ist dabei unerheblich.

Seitensprung

Hanna lebte mit ihrem Ehemann in Venezuela. Sie führte dort eine kleine Pension, die bei den Touristen sehr beliebt war. Ihr Partner handelte mehr schlecht als recht mit Immobilien und kümmerte sich ab und zu um das leibliche Wohl der Gäste, insbesondere der weiblichen. Als sie ihn mal wieder in flagranti erwischte, packte sie ihren achtjährigen Sohn und reiste in ihr Heimatland Deutschland. Urlaub machen, wie sie sagte.

Am Ende ihres Aufenthaltes überlegte sie sich, ob sie hier bleiben oder nach Venezuela zurückkehren sollte. Hanna entschloß sich, zusammen mit dem Sohn vorerst zu ihrer Mutter zu ziehen, zu der sie ein inniges Verhältnis hatte. Diese wohnte seit dem Ableben ihres Mannes allein in einem großen Haus. Hanna wollte schon lange, dass ihre Mutter zu ihr nach Venezuela umsiedeln sollte. Angst vor dem fremden Land und fehlende Sprachkenntnisse hielten die Mutter jedoch immer wieder ab.

Als Hanna und ihr Sohn bei ihrer Mutter eintrafen, kam diese ihnen freudestrahlend entgegen, in der Hand *zufällig* ein Flugticket schwenkend. Sie sagte Hanna, dass sie nach Venezuela mitreisen würde und zwar für immer, für das Haus habe sie bereits einen Käufer gefunden.

Für Hanna war diese Nachricht ein freudiger Schock, denn sie liebte ihre Mutter. Andererseits hatte sie sich innerlich bereits darauf eingestellt, in Deutschland zu bleiben. Was sollte sie nun machen? - In Deutschland hatte sie keine Freunde. Venezuela, das Heimatland ihres Mannes, hatte sie mittlerweile liebgewonnen und bildete ihr Zuhause.

Ihr Mann, der sie mit anderen Frauen betrog, rechtfertigte sich stets, dass dies in seinem Land üblicher sei, als irgendwo sonst. Er als Mann bräuchte eben seine Bestätigungen und schließlich würde er nur sie lieben.

Hanna zog ein Fazit und kam zu einem für sie überraschenden Ergebnis. In Wahrheit machten ihr die Seitensprünge ihres Mannes nicht viel aus, wann immer sie ihn brauchte war er zur Stelle, des weiteren war er ein guter Vater. In der Vergangenheit hatte sie sich selbst angelogen, als sie glaubte, sie könne ihn vom Fremdgehen abhalten. Nach dieser Erkenntnis fühlte sie eine innere Zufriedenheit. Hanna kehrte zu ihrem Ehemann zurück, der auch die Schwiegermutter mit offenen Armen aufnahm.

Ereignisanalyse

Bei einem Seitensprung täuscht der eine dem anderen Partner etwas vor. Oft betrügen wir nicht nur unseren Partner, sondern uns selbst. Hanna wollte nach dem Betrug ihres Mannes die Flucht ergreifen und in Deutschland von vorn anfangen. Der Zufall mit dem Flugticket, das ihre Mutter bereits besorgt hatte, erschwerte ihren Rückzug. Sie spürte, dass sie dem eigentlichen Problem nicht ausweichen durfte und setzte sich mit der Situation auseinander. Am Ende war sie sich über ihre Gefühle und ihrer Verantwortung bewusst. Weil sie bei der Schuldfrage nicht stehen blieb, gelang ihr die Erkenntnis und sie konnte rasch handeln. Hanna versöhnte sich mit dem Ur-

Prinzip "Illusion und Täuschung", verkörpert durch Neptun, und kam hierdurch wieder ins innere Gleichgewicht. Ein Seitensprung rüttelt stark an unseren Emotionen, das Ur-Prinzip des Mondes spielt hier eine große Rolle. Hannas Fall muss natürlich individuell gesehen werden. Für sie war die Rückkehr zum Partner die Lösung.

Liebesentzug

In der Beziehung zwischen Klaus und seiner Frau Claudia kriselte es seit längerer Zeit. Jeder ging seinen Pflichten nach. Dazu gehörten die Erziehung der beiden Töchter, die Erwerbstätigkeit von Klaus, der Haushalt und einige ehrenamtliche Tätigkeiten. Das Verhältnis zwischen den Eheleuten war bereits massiv gestört. Klaus kümmerte sich kaum um die Bedürfnisse seiner Frau. Claudia dagegen gab Klaus ständig Anweisungen, was er zu tun oder zu lassen habe. Sie behandelte ihn oftmals wie ein Kind, obwohl er für die finanzielle Grundlage der Familie sorgte.

Die Gleichberechtigung und die gegenseitige Achtung sind jedoch unbedingte Voraussetzung für das Gelingen einer Partnerschaft. Klaus machte den Fehler und passte sich ihr zu sehr an. Seit langem lief auf sexuellem Gebiet zwischen den beiden nichts mehr oder nur sporadisch, wenn Claudia oder Klaus den Sex als Druckmittel missbrauchten.

Der Liebesentzug ist häufig ein Mittel der Verachtung und der Erpressung. Die Ur-Prinzipen Durchsetzung (Mars) und Freiheit (Uranus) treten hier in den Vordergrund. Klaus und Claudia fühlten sich in der bestehenden Situation gefangen und ihr hilflos ausgeliefert. Aus Rücksicht auf die Kinder wollten sie sich nicht scheiden lassen.

Klaus wurde *zufällig* krank und litt an schweren Depressionen. Sein Arzt schlug ihm *zufällig* vor, eine Kur zu machen. Während des Aufenthalts im Sanatorium lernte Klaus *zufällig* Brigitte kennen, deren Mann vor kurzem gestorben war. Sie verliebten sich ineinander und blieben weiterhin in Kontakt. Sie schrieb ihm Briefe ins Büro, häufig telefonierten sie miteinander und einige Male trafen sie sich heimlich.

Trennung

Klaus wollte sich nun von seiner Frau trennen, traute sich aber nicht, es ihr zu sagen. So ging es eine Weile weiter, bis sich ein Kollege von Klaus verplapperte. Er hatte *zufällig* den Namen der Anruferin nicht richtig verstanden und glaubte Klaus` Freundin am Telefon zu haben, während es in Wirklichkeit seine Frau war. Es folgte ein großer Eklat, bei dem sich beide Partner wieder etwas vormachten. Obwohl Klaus sich innerlich von Claudia gelöst hatte, beschlossen die Eheleute, aus Rücksicht auf die Kinder und aus finanziellen Gründen die Ehe weiterzuführen.

Eine Trennung bedeutet immer die Aufhebung einer Verbindung, diese müssen wir respektieren und achten, ansonsten herrscht Chaos. Das Schicksal war jedoch auf der Ereignisebene nicht mehr aufzuhalten. Beim Einparken in die Garage vergaß Klaus *zufällig* eine Autotür zu schließen. Bezeichnenderweise war es Claudias Auto, das diese von ihrem Vater geerbt hatte. Aufgrund der abgefahrenen Tür kam es zum erneuten Streit, der mit Klaus` Auszug aus der gemeinsamen Wohnung endete.

Zerstörung

Um einen Neuaufbau zu ermöglichen, müssen zuvor überholte Strukturen aufgelöst werden. Die Vernichtung bisheriger Gewohnheiten kann eine schmerzvolle Erfahrung sein. Anschließend folgen die Regeneration und der Neubeginn. Dieser Prozess vom Sterben zum Leben und umgekehrt, repräsentiert Pluto.

Im Fall von Klaus und Claudia zog er sich fast zwei Jahre hin. Anfeindungen und gegenseitige Schuldvorwürfe wurden vor Nachbarn, Bekannten und leider auch vor den Kindern ausgetragen. Claudia versuchte, die Töchter auf ihre Seite zu ziehen, indem sie ihnen sagte, dass ihr Vater sie im Stich gelassen habe. Klaus kümmerte sich jedoch sehr wohl um seine Kinder. Achtet Claudia ihren Mann nicht, achtet sie auch ihre Kinder nicht, denn sie sind ein Teil von ihm. Die Verbindung zwischen Eltern und ihren Kindern endet nicht, wenn sich die beiden Partner trennen.

Trennungsstreitigkeiten gehörten mittlerweile zum Alltag. Die Wende kam, als Klaus` Firma Restrukturierungsmaßnahmen durchführte. Mitarbeiter wurden entlassen, aber Klaus, der schon viele Jahre in diesem Unternehmen arbeitete, konnte aufgrund des Kündigungsschutzes nicht freigestellt werden. Die Personalleitung bot ihm als einzigstem eine Versetzung in die Tochtergesellschaft an. Ein großer *Zufall*, denn diese Firma lag in der Gegend, in der seine Freundin lebte. Mit der Annahme des Angebots vollzog Klaus endgültig die Trennung von seiner Frau.

Ortswechsel

Klaus` Umzug zu Brigitte, seiner Freundin, bedeutete eine einschneidende Änderung des bisherigen Zustandes, der von Stagnation geprägt war. Der Wechsel des Lebensmittelpunkts, ein Ereignis auf der irdisch-materiellen Erdebene, zeigt auch für Dritte die Veränderung an.

Ein Ortswechsel oder schon das Umräumen der Wohnung zeugt davon, dass alte Pfade verlassen und neue Erfahrungen gesucht werden. Inhalt und Form müssen jedoch übereinstimmen. Nur die äußere Umgebung auszutauschen und notwendige inhaltliche Änderungen zu vernachlässigen, wäre umsonst. Uranus symbolisiert das Ur-Prinzip "Änderung und Neuerung", es steht zugleich für Freiheit und Unabhängigkeit.

Neuanfang

Klaus hatte in der Tat einen Schlussstrich unter die Partnerschaft mit Claudia gezogen. Seine Ex-Frau tat sich schwer und konnte sich nur teilweise aus der alten Verbindung zu ihm lösen. Sie lernte zwar einen neuen Partner kennen, jedoch hielt die Beziehung nur wenige Monate. Die gegenseitigen Anschuldigungen ließen deutlich nach, doch flammten sie immer wieder auf, wenn der Vater die jüngere Tochter besuchte bzw. diese zu ihm reiste. Die ältere Tochter hatte sich inzwischen vom Vater losgesagt und wollte ihn nicht mehr sehen. Die Verachtung für den Vater wird ihr vermutlich noch Probleme bereiten, aber es ist ihre freie Entscheidung.

Klaus erhielt *zufällig* in Brigittes Heimatort eine neue Arbeitsstelle. Kurze Zeit später heiratete er Brigitte und verdeutlichte auch nach außen, dass sie beide zusammengehören. Bei Familienfesten stellte er sich bewusst auf die Seite seiner neuen Partnerin und gegen seine Ex-Frau. Es war somit jedem klar, Klaus hatte die Scheidung vollzogen und den Neubeginn geschafft. In seiner neuen Partnerschaft mit Brigitte ist er glücklich, denn sie läßt ihm Freiraum und respektiert ihn so, wie er ist.

Ereignisanalyse

Klaus und Claudia hatten sich längst auseinandergelebt. Gerade aus der Verantwortung zu den Kindern wäre eine rasche Trennung vermutlich die bessere Lösung gewesen, als einen Zustand zu erhalten, der schon längst überholt war. Als Auswirkung befanden sich beide nicht in ihrem Gleichgewicht und waren mit sich und der Welt unzufrieden. Für diese Situation sind beide, jeder für sich, selbst verantwortlich. Schuldzuweisungen führen zu nichts, sie behindern nur die notwendigen Prozesse und verlängern das Drama.

Dank der Depressionen erkannte Klaus, das es so nicht länger weitergehen konnte. Die Krankheit ist also ein Ereignis, das auf das eigentliche Problem der beiden hinweist. Es geht hier in erster Linie um das Ur-Prinzip "Freiheit und Unabhängigkeit". Die Partner räumten sich nicht die notwendigen Freiheiten ein, als Folge kam es zu einer extremen gegenseitigen Abhängigkeit.

Im Geiste vollzog Klaus bereits die Trennung von Claudia. In seinen Träumen malte er sich aus, wie es ohne sie wäre und wie eine harmonische Partnerschaft aussehen könnte. Auf der Ereignisebene folgte die Einlösung seiner Wünsche, indem er während seines Kuraufenthalts Brigitte traf und sich in sie verliebte. Die anschließende Heimlichtuerei ist vom neptunischen Ur-Prinzip "Täuschung und Illusion" gekennzeichnet. Zusätzlich fehlte es Klaus an Mut, zu handeln und seine Pläne durchzusetzen. Wiederum bedurfte es des Zufalls mit dem Telefongespräch, um die Stagnation zu überwinden. Als das anschießende Gewitter immer noch nicht zur Bereinigung der Situation ausreichte, musste das Ereignis mit dem Autoschaden folgen. Der Bruch der Autotür zeigt den bestehenden Bruch der Partnerschaft an.

Die Handlungsebene spart sich Klaus jedoch weiterhin aus. Er zögert notwendige Entscheidungen hinaus, auch aus Angst, die finanzielle Sicherheit zu verlieren. Der Arbeitsplatzverlust einiger seiner Kollegen bringt ihm ins Bewusstsein, dass es keine Absicherung gibt. Jetzt handelt er endlich, indem er die Versetzung annimmt. Mit dem Umzug zu seiner Freundin bekennt er sich zu ihr und leitet eine weitere Änderung ein. Klaus integriert nun das Ur-Prinzip "Änderung und Neuerung", ebenfalls symbolisiert durch

Uranus, in sein Leben. Er findet sein Gleichgewicht wieder und gelangt in den Lebensfluss. Als Folge erhält er *zufällig* eine neue Arbeitsstelle in der Nähe des gemeinsamen Wohnortes. Nach der Scheidung von Claudia heiratet er Brigitte. Mit diesen Ereignissen schließt er die Trennung von seiner Ex-Frau endültig ab und beginnt von vorn.

Hätte Klaus die notwendigen Änderungen bereits früher vorgenommen, wäre ihm vermutlich einiges erspart geblieben. Das Erkennen der anstehenden Neuerungen und deren Integration in sein Leben brachte ihn ins Glück. Seine Ex-Frau, die das Ur-Prinzip Uranus nicht annahm, und erbitterten Widerstand leistete, überrollte am Ende das Schicksal. Es liegt bei uns, ob wir die Änderungen freiwillig einleiten oder zwangsweise erfahren.

Blind vor Liebe manipulieren wir manchmal den Partner, ohne es zu merken oder es uns eingestehen zu wollen. Dies verstößt gegen die kosmische Ordnung. Die Freiheit jedes einzelnen Menschen muss gewahrt und unangetastet bleiben. Andernfalls verstricken wir uns hoffnungslos in unseren eigenen Gefühlen und Handlungen. Hat sich eine Person von ihrem Partner getrennt, muss der andere wohl oder übel dessen Entscheidung akzeptieren. Wenn er seinen Partner liebt, muss er ihm auch die Freiheit schenken. Sein Liebesglück finden, bedeutet also immer, die Freiheit und Unabhängigkeit des anderen anzuerkennen und zu respektieren.

Ereignisse aus dem Bereich der Finanzen

Warum ist der eine arm und sein Nachbar reich? - Vermutlich besitzen sie unterschiedliche Zielvorstellungen, was die materielle Absicherung anbelangt. Während der eine ein Vermögen machen will, begnügt sich der andere mit dem, was er zum Leben benötigt. Wollen wir mehr erreichen, müssen wir unser Handeln und Denken danach ausrichten. Die Abfolge ist immer die gleiche, am Anfang steht die Idee, es folgt die Imagination, anschließend das Planen mit den einzelnen Maßnahmen und zuletzt die Einlösung auf der materiellen Ebene.

Die vier Elemente Feuer, Wasser, Luft und Erde sind auch hier der Schlüssel zum Erfolg. Während uns die beiden geistigen Ebenen keine allzu großen Mühen bereiten, scheitern wir meist an den beiden irdisch-materiellen Stufen. Wir erkennen nicht die Zusammenhänge und sind oftmals nicht in der Lage, die kleinen Zufälle zu deuten, die uns den Weg zum Erfolg weisen.

Betrug

Harald besaß einen kleinen Bootsverleih am Bodensee, mit dem er seinen Lebensunterhalt verdiente. Im Sommer florierte das Geschäft außerordentlich gut, während im Winter saisonbedingt Flaute herrschte. Das umliegende, weitläufige Bootsgelände, das er von seinem Vater geerbt hatte (seine beiden Brüder waren mit Barvermögen abgespeist worden), bot eine schöne Ausssicht auf den See. Harald las *zufällig* in der Zeitung, dass ein neues Hotel in der Nachbarstadt errichtet werden sollte. Wie ein Blitz schoss ihm die Idee in den Kopf, ebenfalls eine Pension auf seinem Grundstück zu errichten. Er hatte zwar keine Kenntnisse in der Gastronomie- oder Hotelbranche, aber er könnte ja die Pension verpachten oder lukrativ verkaufen. Die Bank würde ihm sicherlich für das Projekt Kredit einräumen, weil das Grundstück bereits ohne Baugenehmigung ein Vermögen wert war.

Auf dem Weg zum Kreditinstitut gab sein ansonsten sehr zuverlässiges Auto *zufällig* den Geist auf. Endlich angekommen, war der

Vermögensberater von Haralds Idee sehr angetan und versprach ihm, sich für das Vorhaben bei seinem Direktor einzusetzen.

Noch am gleichen Tag rief ihn *zufällig* eine überregionale Baufirma an, die sich für sein Grundstück interessierte. Harald lehnte es ab zu verkaufen, weil er sich einen höheren Gewinn versprach, wenn er selbst als Bauträger auftrat. Kurze Zeit später erhielt er die Kreditzusage, allerdings müsse alles schnell vonstatten gehen. Wegen der Baugenehmigung solle er sich keine Sorgen machen, der Bankdirektor hätte bereits mit der Gemeinde darüber gesprochen und es würde alles in Ordnung gehen. Bei der Unterzeichnung ging *zufällig* die Tinte des Füllfederhalters aus, man behob das kleine Malheur und Harald unterschrieb den Kreditvertrag.

Er startete voller Elan sein Projekt, beauftragte Architekten und Geologen. Deren Kosten musste er von dem Darlehen begleichen, weil er selbst über kein zusätzliches Barvermögen verfügte. Zu seiner Überraschung versagte die Gemeinde die notwendige Baugenehmigung. Gleichzeitig forderte seine Bank die fälligen Zinszahlungen bei ihm ein. Harald versuchte, sich bei seinen Brüdern das Geld zu leihen, doch die wollten oder konnten ihm nicht aushelfen. Haralds Bootsvermietung, die teilweise verschuldet war, wurde als erstes versteigert und als zweites das umliegende Grundstück. Der Käufer war in beiden Fällen die Bank, die das Grundstück mit Gewinn an den Bruder des Bürgermeisters veräußerte.

Zufälligerweise wurde kurze Zeit später die Baugenehmigung seitens der Gemeinde erteilt. Mit Hilfe der Bank baute der Käufer ein kleines Hotel auf dem Anwesen. Haralds Schulden wurden durch den Erlös der Zwangsversteigerung gerade so gedeckt. Die Gemeinde verpachtete ihm großzügigerweise seinen "eigenen" Bootsverleih.

Ereignisanalyse

Betrug setzt immer voraus, dass wir uns täuschen lassen. Dies gelingt anderen erst dann, wenn wir uns der eigenen Defiziten oder Verfehlungen nicht bewusst sind. Bei Harald war das Ur-Prinzip "Ehrlichkeit und Täuschung" gestört, er befand sich hier nicht mehr im Gleichgewicht. Dieses Neptun-Thema wollte aber zu dieser Zeit erkannt und integriert werden. Harald hatte bereits seine beiden Brüder bei der Erbschaft betrogen, weil das seenahe Grundstück wesentlich mehr wert war als deren Abfindungen. Nach den kosmischen Gesetzen muss ein Ausgleich zwischen Geben und Nehmen hergestellt werden. Harald erhielt durch die Zufälle mehrmals die Chance, dem Verlust aus dem Weg zu gehen. Er nahm diese kleinen Hinweise jedoch nicht wahr. Selbst bei der Vertragsunterzeichnung zeigte das scheinbar unbedeutende Ereignis mit dem Füllfederhalter an, das vorliegende Papier nicht zu unterschreiben. Seine Gedanken waren jedoch auf seinen größtmöglichen Vermögensgewinn fixiert, ansonsten hätte er das abgekartete Spiel der Bank mit der Gemeinde erkennen können. Denn Unehrlichkeiten werden immer intuitiv vom Gegenüber gespürt.

Harald hat am Ende für den notwendigen Ausgleich gesorgt, indem er sein Vermögen verlor und das Zuviel ihm zwangsläufig wieder abgeknöpft wurde. Warum wählte er nicht das freiwillige (Ab-)Geben? - Der Verkauf des Grundstücks an die Baugesellschaft hätte ihm sicherlich ein Vermögen eingebracht, das er mit seinen Brüdern hätte teilen können. Den Betrug an seiner Person muss er selbst verantworten - die Bank trägt keine Schuld, sie ist lediglich Vollstrecker seines Defizits.

Die Idee mit dem Hotelprojekt war keineswegs falsch, wie der spätere Erfolg zeigt. Harald hat ihn vorbereitet, doch die Einlösung fiel dem Bruder des Bürgermeisters zu.

Finanzkrise

Eine Krise ist immer ein Übergang. Wir wollen überholte Strukturen auflösen, wissen aber noch nicht, wie der neu zu schaffende Zustand aussehen soll. Die bestehende Situation ist für den Betreffenden meist undurchsichtig. Dieses Ur-Prinzip vom Auflösen und Erneuern ist durch den Planeten Pluto symbolisiert. Nehmen wir uns des Themas an, wird der Übergang zeitlich begrenzt sein. Wollen wir dagegen am Status quo festhalten, driften wir unweigerlich ins Chaos ab.

Im Falle der Finanzkrise muss unsere Einstellung zu Vermögen und Besitz neu geregelt werden. Vielleicht haben wir finanzielle Angelegenheiten vernachlässigt oder die Jagd nach Geld verhindert unsere geistige Entwicklung. Egal wie wir es drehen, es besteht ein Missverhältnis zwischen Materie und Geist. Unsere Aufgabe ist es, den Ausgleich zwischen diesen beiden Polen herzustellen. Je schneller, desto kostengünstiger in der Regel.

Jürgen S. befand sich in einer solchen Krisensituation. Zusammen mit seiner Frau hatte er ein Zweifamilienhaus gebaut und hierfür ziemlich viele Schulden in Kauf genommen. Um die Kreditzinsen abstottern zu können, mieteten sich seine Eltern in eine der beiden Wohnungen ein. Jürgen bezog sein Büro in der Einliegerwohnung. Seine Geschäfte als Versicherungsmakler liefen zur Zeit bestens und er verdiente eine Menge Geld. Über das Zusammenleben der künftigen Großfamilie machte er sich keine Sorgen, obwohl er wusste, dass die Mutter seine Frau nicht leiden konnte.

Er, seine Frau und die gemeinsame Tochter, lebten bereits in dem neuen Haus, als der Umzug seiner Eltern bevorstand. Jürgens Mutter erwischte *zufällig* einen Grippevirus und musste ins Krankenhaus. Das Verhältnis zu ihrer Schwiegertochter konnte als angespannt bezeichnet werden. Ursprünglich war sie gegen die Idee gewesen, in das Haus ihres Sohnes einzuziehen. Andererseits wollten sie und ihr Mann dem Sohn die Möglichkeit nicht verbauen, ein Eigenheim zu erwerben. Beim Einzug der Eltern krachte *zufällig* ein Regal die Treppe herunter. Es handelte sich dabei um ein Geschenk der Schwiegertochter.

In den nächsten Tagen und Wochen häuften sich die Zusammenstöße zwischen Jürgens Frau und seiner Mutter. Die neue Heizung versagte den Dienst, weil eine Platine durchschmorte, der kürzlich erworbene Fernseher gab den Geist auf, bei der fabrikneuen Waschmaschine trat ein Lagerschaden auf, Glühbirnen gingen gleich haufenweise zu Bruch und noch einiges mehr. Jürgen versuchte vergeblich, zwischen den beiden Frauen zu vermitteln. Er wollte seine Eltern nicht vor die Türe setzen, weil er deren Miete, die doppelt so hoch als marktüblich war, unbedingt benötigte. Zumal in letzter Zeit seine Kunden *zufällig* wegblieben, worauf er sich keinen Reim machen konnte.

Es kam zum großen Showdown, als Folge zogen seine Eltern wutentbrannt aus, seine Frau nahm die Tochter und verließ ihn. Fortan lebte Jürgen alleine in dem großen Haus, seine Schulden wuchsen in den Himmel. An das Verkaufen des Eigenheims dachte er nicht, weil er glaubte, seine Frau und seine Eltern kämen zu ihm zurück. Kaufinteressenten, welche die Bank geschickt hatte, wimmelte er stets ab, indem er den Verkaufspreis zu hoch ansetzte oder sie bei der Hausbesichtigung beleidigte. Bei den wenigen Kunden schimpfte er über seine miese, von ihm nicht zu verantwortende Lage.

Am Ende verkaufte die Bank sein geliebtes Eigenheim zu einem niedrigen Preis und Jürgen musste hochverschuldet in eine Mietwohnung ziehen. Seine Frau reichte die Scheidung ein und die Versicherungsgesellschaft kündigte ihm den Vertrag.

Ereignisanalyse

Aus rationaler Sicht erkennt man leicht, warum gerade dieses Ende wohl folgen musste. Jürgen, geblendet durch sein Traumhaus, wollte die Zeichen nicht wahrhaben, die das Unheil ankündigten. Die Spannungen zwischen seiner Frau und der Mutter wurden durch das Zerbersten des Möbelstücks deutlich angezeigt. Bei den Gegenständen, die *zufällig* kaputtgehen, fällt auf, dass es sich vorwiegend um Neuteile handelt. Eigentlich sehr ungewöhnlich - aber ein sichtbarer Hinweis des Pluto-Prinzips "Regeneration und Erneuerung".

Die Spannungen im Haus wurden von Jürgens Kunden problemlos wahrgenommen, lange bevor er ihnen seine Misere schilderte. Das starre Festhalten am alten Zustand, obwohl dieser längst durch die Trennung seiner Frau überholt war, kostete ihn nicht nur ein Vermögen, sondern letztendlich auch seinen Broterwerb. Die Verantwortung für seine Finanzkrise schob er den potentiellen Käufern, der ausbleibenden Kundschaft, seiner Frau und den Eltern in die Schuhe. Alle waren Schuld, nur er nicht. Jürgen fand erst aus der Krise, als die Scheidung hinter ihm lag. Er orientierte sich beruflich und privat neu.

Exkurs: Wohlstand und Armut

Jede Woche versuchen Millionen von Menschen in der Lotterie oder einem anderen Glücksspiel ein Vermögen zu gewinnen. Freilich gelingt nur sehr wenigen dieses Kunststück.

Wieso trifft es immer die anderen, nur mich nicht? Diese Frage haben Sie sich sicherlich auch schon einmal gestellt. Kann man dem Glück nicht auf die Sprünge helfen? Man kann - vorausgesetzt wir entwickeln eine starke Sehnsucht!

Wissen Sie die exakte Geldsumme, die Sie gewinnen wollen? Haben Sie sich ernsthaft überlegt, was Sie mit dem Vermögen anstellen wollen? - Fällt Ihre Antwort negativ aus, haben Sie bereits die erste Begründung, warum Sie bisher keinen Erfolg hatten. Wie ist Ihre Einstellung zu Geld? Ist Geld für Sie negativ belegt? Haben Sie das Gefühl, Sie müssen für Geld hart arbeiten, um es besitzen zu dürfen? Kommen Sie bei den Antworten ins Grübeln, haben Sie den zweiten Grund für Ihren bisherigen Misserfolg erkannt.

Geld ist weder negativ noch positiv, es ist lediglich ein Zahlungsmittel. Entscheidend ist, wie wir mit Geld umgehen und was wir daraus machen. Natürlich besteht die Gefahr, dass materielle Güter uns von unserem Lebensweg ablenken. Das Gleichgewicht zwischen materieller und geistiger Entwicklung sollte stimmen. Ansonsten wird es uns nicht gelingen, ein Vermögen anzuhäufen. 80% aller Lottomillionäre verlieren das gewonnene Geld wieder und viele von ihnen innerhalb kurzer Zeit.

Geld darf nie Alibi für uns sein, Fehler nicht zu erkennen, die Verantwortung für unser Handeln abzugeben. Falls wir *zufällig* gewinnen, sollten wir uns keine Gedanken darüber machen, ob wir es verdient haben. Wäre dies nicht der Fall, hätten wir es nicht gewonnen. Vergessen wir aber niemals, die von uns zu erbringende Gegenleistung, um den notwendigen Ausgleich herzustellen.

Was bedeutet für Sie Wohlstand? - Eine Villa, zwei schicke Autos und ein dickes Bankkonto oder einfach so zu leben, wie Sie es sich vorstellen? Jeder definiert seinen eigenen Wohlstand individuell. Der Gegenpol von Wohlstand ist Armut. Streben Sie materiellen Reichtum an, müssen Sie sich bewusst gegen die Armut und für den Wohlstand entscheiden. Trifft uns die Armut, haben wir die Balance zwischen Geben und Nehmen missachtet. Wir sind im wahrsten Sinne des Wortes arm an Mut, um zu geben. Arm und reich stehen mit den Ur-Prinzipien Saturn und Jupiter in Verbindung. Saturn verkörpert Begrenzung und Sicherheit, Jupiter dagegen Ausdehnung.

Selbstverständlich haben wir auch die Möglichkeit, auf jeglichen materiellen Besitz zu verzichten. Hauptsache wir sind im Lebensfluss. Nur dann können wir Zufriedenheit erreichen. Wohlstand allein ist kein Garant für ein glückliches Leben, aber er muss auch kein Hindernis auf dem Weg dorthin sein. Allerdings sollten wir uns vor möglichen Gefahren hüten. Je schneller wir ein Vermögen schaffen, um so größer ist die Gefahr, dass wir aus dem Gleichgewicht geraten. Denken Sie an das Beispiel mit den Waagschalen. Das Polaritätsgesetz versucht dieses Ungleichgewicht zu beseitigen, wenn wir nicht selbst dafür Sorge tragen. Es gilt, rasch eine ausgleichende Gegenleistung auf die andere Waagschale zu legen, um das Vermögen nicht wieder zu verlieren.

Wenn wir Wohlstand schaffen wollen, sollten wir zuerst überlegen, in welchen Bereichen wir nicht ausgewogen sind. Besonders hinderlich sind ein übertriebenes Sicherheitsbedürfnis, Konkurrenzdenken sowie Neid und Eifersucht. Diese Eigenschaften vergeuden unsere Energie und lenken uns von unseren Zielen ab. Zweitens muss uns klar sein, welchen Symbolgehalt die erworbenen Gegenstände für uns individuell besitzen. Das neue Auto mag vielleicht ein Prestigeobjekt sein, die tolle Wohnung eine Absicherung fürs Alter. Solange wir uns dessen bewusst sind und der Tatsache, dass unsere Persönlichkeit nicht durch diese Dinge definiert wird, ist die Welt in Ordnung. Wir können uns materielle Güter gönnen. Sie dürfen uns aber nicht von der persönlichen Entwicklung abhalten.

Treten z. B. bei Kauf oder Verkauf Schwierigkeiten auf, müssen wir nicht nur die technischen Abläufe miteinbeziehen, vielmehr das dahinter liegende Thema betrachten, das durch den Gegenstand verkörpert wird. Hier liegt der eigentliche Konflikt vor. Die technischen Fehler, z. B. schlechter Vertragsabschluss, falscher Liefertermin usw., sind lediglich Auswirkungen des nicht gelösten Ur-Prinzips. Erkennen wir das eigentliche Thema und integrieren es, lösen sich die Begleitumstände von selbst auf. Plötzlich lenkt der Vertragspartner auf unser Bitten hin ein, die Lieferung erfolgt schneller als angenommen und so weiter. Wir können manchmal nur staunen, wie prompt sich alle Schwierigkeiten in Luft auflösen.

Schuldenabbau mit Hilfe des Kosmos

Auch im Bereich Finanzen hilft uns das Konzept des kosmischen Persönlichkeitstrainings. Die Vorgehensweise wird exemplarisch dargestellt.

1. Stärken-/Schwächenanalyse
Der erste Weg, Schulden abzubauen, heißt Selbstkritik, vorbei die Zeit, in der wir uns etwas vorgemacht haben. Es gibt unzählige Gründe, warum Schulden sich ansammeln können. Aber sie lassen sich alle auf wenige Ur-Prinzipien zurückführen. Überlegen wir uns, in welchen Bereichen wir Defizite aufweisen und in welchen wir uns im Gleichgewicht befinden. Nehmen wir einmal an, unsere Schwäche ist ein zu ausgeprägtes Sicherheitsdenken.

2. Ereignisanalyse
Lassen wir Ereignisse aus der Vergangenheit Revue passieren, die mittel- oder unmittelbar mit unseren Schulden in Verbindung stehen. Wir erinnern uns z. B. an den Vermögensberater der Bank, der uns falsch beraten hat, und deuten das zurückliegende Ereignis wie folgt: Weil wir unbedingt kein Risiko eingehen wollten, konnte er uns diese "todsichere" Anlagemöglichkeit überhaupt erst einreden, mit der wir soviel Geld verloren haben. Wir sehen das eigentliche Prinzip dahinter, dass wir uns ständig selbst Grenzen setzen und als Folge in diesen auch gefangen sind. Wir entschließen uns, dieses Thema künftig in unser Leben zu integrieren.

3. Die Idee/Zielsetzung (Feuer-Ebene)
Wir beschäftigen uns mit dem Feuerelement, indem wir z. B. Sport treiben oder Meditation. Plötzlich erhalten wir den Einfall, einen Anwalt aufzusuchen, der unsere Belange gegenüber der Bank, bei der wir verschuldet sind, vertreten soll. Wir sind bereit, das Risiko eines Prozesses und dessen Folgen einzugehen.

4. Die Vision (Wasser-Ebene)
Wir malen uns nun in der Fantasie aus, dass wir einen guten Anwalt finden und dieser erfolgreiche Verhandlungen mit unserer Bank führen wird. Wir sehen vor unserem geistigen Auge, wie unser Schuldenberg zusammenschmilzt wie der Schnee in der Sonne und immer kleiner wird, bis er sich am Ende auflöst. Je farbiger und genauer wir uns unsere Idee, unseren Erfolg vorstellen, umso besser der spätere Effekt. Machen wir uns auch Gedanken über die Gegenleistung, die wir als Ausgleich für unseren Gewinn leisten wollen. Wir gehen damit eine Verpflichtung ein, die wir später unbedingt einlösen müssen. Die Leistung sollte im Verhältnis zum gewünschten Gewinn stehen, braucht aber nicht zwingend materieller Natur sein. Z. B. könnten wir uns vornehmen, den zehnten Teil unseres Schuldenerlasses an eine wohltätige Organisation zu spenden.

5. Das Planen und Handeln (Luft-Ebene)
Wir setzen nun unsere Idee in die Tat um und suchen einen Anwalt auf. Eventuell aufkommenden Zweifeln räumen wir keinen Platz ein. Als Zeichen unseres Erfolges laden wir eine glänzende Münze mit unserer Energie auf und tragen diese ständig bei uns.

6. Die Realisierung/Umsetzung (Erd-Ebene)
Die Einlösung der Vision beginnt. Unser Anwalt führt Gespräche mit der Bank und kann ihr begreiflich machen, dass wir über die Gefahren der Transaktion nicht ausreichend informiert worden sind. Es kommt zu einem Vergleich, in der die Bank die Hälfte des eingetretenen Verlustes übernimmt.

7. Abweichungsanalyse
Der Erfolg ist nicht so groß ausgefallen, wie wir es uns ursprünglich vorgestellt hatten. Wir ziehen Bilanz und stellen fest, dass wir mit dem Vergleich nach dem Motto: "Besser den Spatz in der Hand als die Taube auf dem Dach" gehandelt haben. War dies die Folge unseres verbliebenen Sicherheitsdenken? Waren wir vielleicht zu pessimistisch, was einen möglichen Prozessausgang betrifft?

8. Maßnahmenkorrektur
Wir nehmen uns vor, das Ur-Prinzip "Sicherheit" weiterhin in unser Leben integrieren zu wollen, damit wir ins Gleichgewicht kommen.

9. Zielerreichung
Freuen wir uns über den Erfolg und lösen wir unser Versprechen ein, indem wir den vorgesehenen Betrag spenden.

Ereignisse aus dem Bereich der Gesundheit

Eine Krankheit ist, wie jedes andere Ereignis auch, ein Fingerzeig, uns bestimmter Themen anzunehmen. Die Art der Krankheit und ihre Symptome geben uns weiteren Aufschluss, in welchen Bereichen wir uns weiterentwickeln sollten. Mit Hilfe des Analogen Denkens sind wir in der Lage, die Ursache hinter der Krankheit zu erkennen und zu deuten. Eine Verletzung an der Hand ist z. B. ein Hinweis, zu handeln und notwendige Entscheidungen nicht länger hinauszuschieben. Über die Symbolik und die Deutung von Krankheiten sind bereits zahlreiche gute Bücher erschienen, ich verweise deshalb auf den Literaturhinweis am Ende des Buches.

Eine Krankheit ist weder gut noch schlecht. Für den einen bietet sie die Möglichkeit der Regeneration, für den anderen ist sie Warnung oder Gnade, jedoch ist sie auf jeden Fall eine Chance. Durch sie erkennen wir ungelöste Konflikte, die uns aus dem Gleichgewicht geworfen haben. Ignorieren wir permanent unsere Probleme, werden sich die Symptome des Konflikts verstärken. Hinter jedem Leiden muss immer die Individualität des Betroffenen gesehen werden, der für sein Schicksal selbst verantwortlich ist. Deshalb steht das Thema Gesundheit in enger Verbindung mit dem Ur-Prinzip Sonne, das Aktivität, Lebenskraft und Selbstausdruck bedeutet.

Entwicklung der Krankheit

Helmut L. hatte in seiner Vergangenheit mehrere Verletzungen erlebt, aber seit er in Rente war, häuften sie sich zunehmend. Einmal quetschte er sich *zufällig* die Hand in der Tür ein, ein anderes Mal brach er sich den Fuß, als er auf Glatteis ausrutschte. Ansonsten ging alles seinen gewohnten Gang. Irgendwie spürte er, dass er eine neue Aufgabe brauchte, ansonsten würde er die letzten Jahre seines Lebens dahinvegetieren. Seine Frau und er kamen "prächtig" miteinander aus, weil jeder sich in seine eigene Welt zurückzog. Sie las viel, während Helmut sich in Gedanken ausmalte, was er noch alles im Haus umbauen wollte, wie er den Garten neu anlegen würde und schmiedete dabei weitere zahlreiche Pläne. Die Taten ließen aber auf sich warten, viel lieber hockte er sich vor den Fernseher und schwelgte, besonders wenn Besuch kam, in alten Erinnerungen.

Ausbruch und Heilung der Krankheit

Aufgrund eines *zufälligen* Gichtanfalls im Zeh musste er ins Krankenhaus eingeliefert werden. Eine Nichte,die ihn *zufällig* besuchte, erzählte ihm, dass sie seit kurzem bei einer Ärztin arbeitete, die sich auf Naturmedizin spezialisiert hatte. Diese sei mit Hilfe einer neuartigen Diagnostik in der Lage, Krebsleiden frühzeitig zu erkennen. Helmut folgte gebannt den Ausführungen seiner Nichte und verspürte das Gefühl, dass er sich mit dieser Methode unbedingt untersuchen lassen müßte. Je schneller desto besser.

Als sein Arzt zur Visite kam, sprach er diesen auf das Verfahren an. Dieser reagierte höchst erstaunt, weil just an diesem Tag ein Kollege ihm *zufällig* diese neue Methode vorgeführt hatte. Helmut bat, von dem Kollegen untersucht zu werden. Als Ergebnis diagnostizierte der Arzt Darmkrebs im fortgeschrittenen Stadium. Helmut wurde operiert und veränderte in der Folgezeit seine Lebensgewohnheiten radikal. Er stellte seine Ernährung völlig um, trieb wieder Sport und unternahm mit seiner Frau kleinere Reisen.

Ereignisanalyse

Zuerst sollten wir uns einmal überlegen, weswegen eine Krankheit überhaupt ausgebrochen ist. Ist sie lediglich ein Warnhinweis oder bietet sie uns eine Verschnaufpause? In Helmuts Fall deuteten bereits die kleineren Verletzungen an Hand und Bein an, dass die (Fort-)Bewegung massiv gehemmt ist. Helmut traf keine Entscheidung mehr, die ihn nach vorne gebracht und eine Veränderung der eingefahrenen Situation bewirkt hätte. Seine Neuerungswünsche blieben auf der Wasser-Ebene hängen und kamen überhaupt nicht in die Handlungsebene, geschweige denn zur Einlösung.

Dieser Zustand dauerte mehrere Monate bzw. Jahre an. In dieser Zeit entwickelte sich der Darmkrebs. Das Ur-Prinzip "Sterben und Leben", symbolisiert durch den Planeten Pluto, war bei Helmut gestört. Der Übergang vom Berufsleben in den Ruhestand, und damit eine Erneuerung seiner Ziele, gelang Helmut nicht.

Erst mit der Einlieferung ins Krankenhaus wachte er aus seinen Träumen auf. Im Grunde wusste er, dass er aus dem Gleichgewicht, aus dem Lebensfluss geraten war. Seine Nichte diente als Auslöser, um ihm seinen körperlichen Heilungsweg aufzuzeigen.

Die anschließende Operation stellte eine Steigerung des bestehenden Konflikts dar. In Helmuts Fall war sie der Höhepunkt der Krankheit. Danach löste er das Ur-Prinzip "Erneuerung" ein, indem er verschiedene Aktivitäten unternahm. Der Darmkrebs selbst hängt eng mit dem Pluto-Thema zusammen, denn der Darm scheidet einerseits Totes aus, andererseits ist er für die Regeneration des Körpers ein wichtiges Organ.

Suchtkranke

Es gibt die unterschiedlichsten Ausprägungen von Suchterkrankungen, z. B. Drogen-, Nikotin-, Alkohol-, Geltungs-, Fress-, Arbeits-, Sexsucht. Die Liste ließe sich mühelos erweitern. Sie haben jedoch alle eins gemeinsam: das Gleichgewicht des Betroffenen ist mehr oder weniger stark gestört. Die Sucht dient dazu, sich zu betäuben, eine Illusion aufzubauen und der tristen Wirklichkeit zu entfliehen. Oftmals täuscht der Suchtkranke sich und seine Umwelt, indem er die Krankheit verleugnet. Hinter allen Suchtleiden verstecken sich nicht integrierte Neptun-Themen, folglich das Ur-Prinzip "Täuschung, Ehrlichkeit und Imagination". Entdecken wir die Ursache der "Enttäuschung" und der damit verbundenen Flucht, besitzen wir den Schlüssel zur Lösung des Konflikts.

Eine Sucht steht immer in Verbindung mit Vergiftung. Durch Drogen vergiften wir unseren Körper, ein Workaholic verseucht durch seine Arbeitswut das Klima im Büro und zu Hause. Unser Denken und Handeln führt zu einer Vergiftung des gesamten Klimas. Der Zerfall des physischen Körpers macht die Krankheit für die Umgebung des Süchtigen sichtbar. Hiermit nimmt sie ihm die Fluchtmöglichkeit und erhöht zugleich den Druck, der Wirklichkeit ins Auge zu schauen. Um diesem Schicksal zu entgehen, muss der Kranke seine Sucht verstärken, um in seine eigene Vorstellungswelt abtauchen zu können. Ein Teufelskreis beginnt, der das Ungleichgewicht weiter verstärkt.

Walter, früher ein guter Verkäufer, litt seit dem Tod seiner Frau unter Alkoholsucht. In seiner Firma war es längst ein offenes Geheimnis, dass Walter den harten Getränken zusprach. Solange Walter seinen Aufgaben mehr oder weniger nüchtern nachging, drückte man ein Auge zu und sah darüber hinweg. Als eine neue Konzernleitung die Führung des Betriebs übernahm, änderte sich das schlagartig. Walter wurde ein Ultimatum gestellt, falls er nochmals angeheitert seine Arbeit antreten oder Alkohol bei ihm gefunden würde, sei seine fristlose Kündigung beschlossene Sache.

Es dauerte nicht lange und der Chef entdeckte Spirituosen in Walters Schreibtisch, als er dort *zufällig* nach einem bestimmten Auftrag suchte. Walter wurde auf der Stelle entlassen, *zufällig* genau an dem Todestag seiner Frau, die bei einem Autounfall gestorben war. Walter hatte damals den Wagen gefahren und war bei regennasser Fahrbahn *zufällig* ins Schleudern geraten. Das Fahrzeug überschlug sich mehrmals. Während Walter nur leichte Blessuren davontrug, kam für seine Frau jede Hilfe zu spät.

Nachdem er die fällige Miete nicht zahlen konnte, wurde Walter auf die Straße gesetzt, wo er fortan lebte. Als er schwer betrunken eine Straße überqueren wollte, wurde er von einem LKW erfasst und verstarb noch an der Unfallstelle. *Zufällig* genau am zweiten Todestag seiner Frau.

Ereignisanalyse

Walter fühlte sich als Unfallverursacher am Tod seiner Frau schuldig. Die Wirklichkeit konnte er nicht auf Dauer ertragen und suchte sein Heil im Alkohol. Bezeichnenderweise fielen Kündigung und sein eigener Tod auf den Sterbetag seiner Frau. Vermutlich wünschte er sich zu sterben, um damit den Ausgleich für sein Vergehen herzustellen. Ein Irrtum seinerseits - den niemand kann durch seinen eigenen Tod eine Schuld sühnen. Walters Frau hat ihren Tod selbst zu verantworten, wie ihr gesamtes Leben.

Wer will sich anmaßen, er bestimme das Leben eines anderen? - Das wäre Gotteslästerung. Walter fungierte lediglich als Auslöser. Er hat nur seinen Dienst getan, wie wir alle unseren Dienst erfüllen. Seine Frau saß nicht versehentlich im Auto, sondern weil es ihr *zufiel*. Es war ihr Schicksal, an diesem Tag zu sterben, während Walter *zufällig* mit leichten Verletzungen davonkommen sollte. Er hatte als Unfallverursacher keine Schuld auf sich geladen, die abzutragen gewesen wäre. Das Ur-Prinzip "Ehrlichkeit und Täuschung" konnte er nicht erkennen, geschweige denn in sein Leben integrieren.

Der Tod

Verlassen wir ein Zimmer durch die Tür, kommen wir für diejenigen auf der anderen Seite herein. Es kommt also immer auf den Standpunkt an, von dem aus wir das Ereignis betrachten. Der Tod ist lediglich der Übergang von einem Leben in ein anderes Leben. Durch ihn wird der Mensch auf sein ursprüngliches Wesen zurückgeführt. Der Tod ist ein Prozess der Transformation, der irdische Körper zerfällt und die Geistseele tritt aus. Je näher wir dem Tod kommen, umso mehr lösen wir uns von der Materie und konzentrieren uns auf das Wesentliche. Wir stellen uns auf die Geburt in einer neuen Welt ein.

Der Tod kommt immer *zufällig* zu uns, das heißt also mit voller Absicht. Ein Versehen gibt es in diesem Fall nicht. Der Tod ist weder gut noch schlecht, er bildet mit dem Leben eine Einheit, wie die Sonne und der Mond.

Heilung - aber wie?

Am Anfang sollten wir uns erst einmal überlegen, weswegen die Krankheit überhaupt ausgebrochen ist. Wir müssen dabei ehrlich und offen mit uns selbst sein. Denken wir daran, dass wir allein unsere Krankheit verantworten müssen. Hüten wir uns davor, anderen die Schuld zu geben. Im zweiten Schritt analysieren wir, welches Ur-Prinzip hinter der Krankheit steht. Überlegen Sie hierzu, wie die Krankheit zustande kam. Wo und wann ist sie zum ersten Mal ausgebrochen? Welche Personen waren beteiligt bzw. in der Nähe? Was war Ihr erster Gedanke?

Aufgrund dieser Einkehr erhalten wir ein Bild von der möglichen Ursache. Diese ist Voraussetzung, um ein Umdenken einzuleiten und mit der Gesundung in der Psyche zu beginnen.

Phase der vier Elemente

Entfachen Sie Ihr inneres Feuer. Wir müssen von dem Willen beseelt sein, die Krankheit zu überwinden und die Heilung herbeizuführen. Sobald wir vom Feuer durchdrungen sind, gehen wir auf die Wasserebene. Wir stellen uns in Gedanken vor, dass wir gesunden, sowohl im Geist als auch im Körper. Malen wir uns in der Fantasie aus, wie wir als völlig geheilter Mensch unser Leben meistern. Wir selbst haben es in der Hand, mit unserer Energie und Gedankenkraft.

Wir steigen in die Luftebene ein und definieren unsere Ziele. Zu welchem Zeitpunkt wollen wir geheilt sein? Wir können Symbole, die unsere Gesundung verkörpern, mit Energie aufladen. Sie rufen uns unsere Ziele immer wieder ins Gedächtnis. Anschließend planen wir den individuellen Heilungsprozess. Welche Ärzte, Heilpraktiker, Therapeuten garantieren die beste Behandlung? - Hören wir nicht auf Leute, die Bedenken und Zweifel äußern. Wir wissen, dass wir es schaffen können. Welche Gegenleistung wollen wir in die Waagschale werfen? In der späteren Ereignisphase sind Eigenschaften des Erdelements wie Ausdauer und Hartnäckigkeit gefragt, solange bis unsere Ziele eingelöst werden.

Denken wir daran, dass wir nicht gegen unsere Krankheit kämpfen, sondern mit ihr. Sie gehört zu uns, ebenso wie die Gesundheit. Auch wenn wir irreparable Schäden haben, müssen wir unsere Krankheit annehmen, denn wir haben sie zu verantworten.

Ereignisse aus dem Bereich Familie

Wir erhalten immer den Partner und die Kinder, die wir verdienen. Von ihnen bekommen wir jene Impulse, die für unsere persönliche Weiterentwicklung vorteilhaft sind. Mögen Streitigkeiten und Diskussionen noch so unangenehm sein, sie erfüllen immer einen bestimmten Zweck. Es liegt an uns, Erkenntnisse und Einsichten daraus zu ziehen oder weiterhin mit Scheuklappen durch unser Familienleben zu trampeln.

Außenstehende erkennen mühelos, welche Spielchen innerhalb einer Familie abgehen, während wir selbst oftmals im Dunkeln tappen. Emotionale Verstrickungen hindern uns daran, dem Ganzen ein Ende zu bereiten. Psychologische Therapieformen und Familienaufstellungen haben derweil Hochkonjunktur. Mit ihrer Hilfe gelingt es, der Ursache auf den Grund zu gehen und Projektionen zwischen den Familienmitgliedern herauszuarbeiten. Nicht selten hören sie einen Schritt zu früh auf, bevor das eigentliche Ursachenprinzip gefunden ist.

Harmonisches Familienleben heißt in erster Linie, sich der eigenen Verantwortung zu stellen, sich selbst kritisch unter die Lupe zu nehmen, tolerant gegenüber den anderen Familienmitgliedern zu sein und diese in ihrer Person zu achten. Es muss nicht immer Friede, Freude, Eierkuchen herrschen. Vielmehr sollte die Bereitschaft bestehen, den anderen bei der Entwicklung seiner Persönlichkeit mit besten Kräften zu unterstützen. Auch wenn dies vielleicht nicht der Weg ist, den wir selbst für richtig halten. Obwohl wir gerade in diesem Bereich zu Manipulationen neigen, sollten wir davon Abstand nehmen. Wir verletzen ansonsten kosmische Gesetze und fangen uns entsprechende Korrekturen ein.

Kindersegen

Bei etlichen Volksstämmen wird üppiger Kindersegen mit Reichtum, Alterssicherung, Geschenk Gottes verknüpft. Und in der Tat erfüllen uns Kinder mit Liebe und Freude. Sie geben uns Hoffnung, Bestätigung und doch stellen sie an uns hohe Anforderungen. Viele

Pflichten und Aufgaben sind mit der Betreuung von Kindern verbunden. Täglich müssen wir uns ihrer Kritik aussetzen. Sie halten uns den Spiegel vor, führen uns unerbittlich vor Augen, wo unsere Defizite liegen. So gesehen sind Kinder unsere Lehrmeister und wir können ihnen dankbar sein, durch sie etwas über uns zu erfahren.

Kinder können wir nicht unser eigen nennen, auch wenn sie durch uns auf die Welt gekommen sind. Sie begleiten uns ein Stück auf dem Lebensweg und helfen uns, ebenso wie wir ihnen helfen. Beide, Eltern und Kinder, sollen voneinander profitieren. Unsere Erben erfüllen eine wichtige Aufgabe. Selbst wenn sie nur wenige Tage oder Stunden auf Erden verbleiben dürfen, hat ihr Leben einen Sinn gehabt. Und wenn sie uns nur aus einer Abgestumpftheit wachrütteln und zu einer Lebensumkehr bewegen wollten.

Kinderlosigkeit

Bleibt der erwünschte Nachwuchs aus, ist dies ebenfalls eine unüberhörbare Botschaft an uns.

Annette und Hartmut sehnten sich seit zwei Jahren nach einem zweiten Kind, trotz eifrigem Bemühen wollte sich der Erfolg nicht einstellen. Annette wurde immer nervöser und ungeduldiger. Aus biologischer Sicht schien dem Kinderwunsch nichts im Wege zu stehen, Michael, ihr Erstgeborener, war der beste Beweis. Trotz allem hatten sie bereits mehrere Ärzte konsultiert, die jedoch alle nur ihre Zeugungsfähigkeit bestätigen konnten.

Wieso wollte sich das gewünschte Kind nicht einstellen? - Vom zeitlichen Ablauf hätte es schön gepasst. Annette wollten auf keinen Fall, dass Michael ein Einzelkind bleibt, vielmehr sollte die Familie Zuwachs durch ein Schwesterchen bekommen. Anschließend könnte sie sich wieder ihrem Beruf widmen, den sie seit Michaels Geburt nicht mehr ausübte. Es machte sie ganz verrückt, nicht zu wissen, ob sie noch länger auf die zweite Schwangerschaft warten oder wieder arbeiten sollte. Der Erziehungsurlaub näherte sich langsam dem Ende und erhöhte den Druck auf sie.

Eine Freundin erzählte Annette *zufällig*, dass sie kürzlich einen Astrologen aufgesucht hatte, der ihr bezüglich Partnerschaft interessante Einsichten vermitteln konnte. Vielleicht könnte er ihr helfen. Annette war mehr als skeptisch. Ein Astrologe sollte ihr bei ihrem Kinderwunsch helfen können? - Sie griff nach dem Strohhalm und entschloß sich, den Astrologen aufzusuchen. Dieser erstellte ihr

Horoskop und verglich es mit den aktuellen Gestirnkonstellationen. Es sei alles klar, meinte er anschließend, die Aufnahmebereitschaft für ein Kind sei im Augenblick gestört. Sie müsse sich nur gefühlsmäßig öffnen. Er nannte ihr noch einen Tag, an dem die Fruchtbarkeit besonders groß sein sollte. Der Nachwuchs sei kein Problem, vermutlich würde sie in ungefähr elf Monaten eine Tochter gebären.

Für diesen Quatsch musste sie auch noch bezahlen. Annette regte sich immer wieder darüber auf, dass der Astrologe ihre gefühlsmäßige Bereitschaft in Frage gestellt hatte. Sie wünschte sich doch mit ganzer Kraft das Kind. Aufgrund dieses Ereignisses entschloss sich Annette, den Kinderwunsch vorläufig zu begraben und ihre Arbeitsstelle wieder anzutreten. Zwei Monate, nachdem sie in ihrem alten Beruf wieder angefangen hatte, war Annette *zufällig* schwanger. Ihr Arzt errechnete als Zeugungszeitpunkt *zufällig* exakt den Tag, den ihr der Astrologe genannt hatte. Die Geburt der Tochter war zwar aus medizinischer Sicht ein paar Wochen zu früh, aber *zufällig* übereinstimmend mit der Prognose des Sterndeuters.

Ereignisanalyse

Bei der körperlichen Vereinigung zwischen Mann und Frau repäsentiert die Sonne den männlichen und der Mond den weiblichen Pol. Die Sonne steht für Lebenskraft und Individualität, der Mond dagegen für die Gefühlsbereitschaft. Bei Annette lag eine starke Fixierung auf das erwünschte Kind vor, die eigene Person und deren Ziele wurden nicht mehr berücksichtigt. Das Gleichgewicht zwischen Sonne und Mond, also zwischen männlichem und weiblichem Prinzip, war gestört. Durch Annettes Entschluss wieder berufstätig zu sein, ihren eigenen Belangen Priorität einzuräumen, hob sie ihre Fixierung auf und stellte die Balance wieder her. Als Folge der wiedergefundenen Harmonie erfüllte sich der Kinderwunsch. Der Besuch beim Astrologen entpuppte sich im nachhinein als Impulsgeber für Annette, die sich aus der Stagnation befreite, indem sie eine längst fällige Entscheidung traf.

Wir können durch eigene Defizite Kindersegen verhindern. Verzichten wir darauf, dem Partner oder anderen Personen die Schuld an unserer Kinderlosigkeit zu geben; zeigen wir Eigenverantwortlichkeit. Erinnern wir uns an Ereignisse, die auf nicht gelöste Prinzipien oder Lebensthemen schließen lassen. Aus Sätzen wie "Ohne Kinder sehe ich keinen Lebenssinn" oder "Mein Kind soll es einmal besser haben als ich" sollten wir notwendige Einsichten ableiten. Natürlich können auch Kinder für uns im Leben überhaupt nicht vorgesehen sein. Eine Aufgabe besteht vielleicht darin, dies zu akzeptieren.

Bezeichnenderweise deckt in der Astrologie das fünfte Haus nicht nur den Bereich Kinder ab, sondern gleichzeitig Liebesbeziehungen und Projekte. Im übertragenen Sinne können wir diese Themen durchaus als unsere Kinder verstehen. Jeder, der schon einmal ein schwieriges und langfristiges Vorhaben ins Leben gerufen hat, weiß, wie lange es dauert, bis es auf eigenen Füßen stehen kann. Es muss gehegt, gepflegt und gestreichelt werden. Im Laufe der Zeit wächst es uns immer mehr ans Herz und wird zu einem Teil von uns.

Streitereien

Elvira und Volker hatten seit längerem Probleme mit ihrer Tochter Kerstin. Mittlerweile gerieten sie schon bei kleinsten Meinungsverschiedenheiten aneinander. Einer der Hauptstreitpunkte waren die schulischen Leistungen von Kerstin, die deutlich nachgelassen hatten, obwohl in wenigen Wochen die Abiturprüfung bevorstand. Der Druck seitens der Eltern wirkte auf Kerstin wie eine Blockade. Inzwischen war ihr alles zu viel geworden, die Schule, der Gitarrenunterricht, die ständige Kritik der Eltern, selbst die Beziehung zu ihrem Freund. Sie hatte die Nase gestrichen voll, wollte einfach mal abschalten. Ein kurzer Auslandstripp wäre genau das Richtige für sie.

Kerstin reiste, ohne Erlaubnis der Eltern, mit einer Freundin nach London. Bei einer Shoppingtour sprach sie auf der Straße *zufällig* ein Mann an, der ihnen spezielle Tees anpries, die eine berauschende Wirkung versprachen. Kerstin kaufte ihm einige von den unscheinbar aussehenden Packungen ab.

Auf der Rückreise mussten die beiden Freundinnen bei einer Zollkontrolle *zufällig* ihre Koffer öffnen. Der Zöllner stutzte bei den Teepackungen und untersuchte diese genauer. Am Ende wurde die Ware beschlagnahmt, weil deren Einfuhr verboten war, obwohl sie noch nicht unter das Betäubungsmittelgesetz fiel. Kerstin war froh, so glimpflich davon gekommen zu sein. Zu Hause bei den Eltern gab es zu ihrer Überraschung keinerlei Vorwürfe, sondern zur Abwechslung eine versöhnliche Aussprache.

Bei den häufigen Streitereien zwischen Kerstin und den Eltern ging es um Durchsetzung der jeweiligen Meinung. Die Auseinandersetzung ist eine Form der Kommunikation, bei der es um den Austausch von Standpunkten geht. Alle Beteiligten waren nicht offen für die Belange des anderen. Kerstin fühlte sich offensichtlich in ihrer Freiheit stark eingeschränkt.

Die Beschlagnahmung des berauschenden Tees verdeutlicht, dass ihre Eltern sowie das gesamte Umfeld sie im wahrsten Sinne des Wortes zu sehr in Beschlag genommen haben. Aus dieser Umfesselung wollte Kerstin sich befreien. Eine Sicherstellung ist immer eine Art der Bewahrung der bestehenden Besitzverhältnisse. Die Eltern wollten den Status quo halten, obwohl dies unmöglich ist. Wenn die Zeit gekommen ist, muss man die eigenen Kinder ziehen lassen.

Durch das plötzliche Verschwinden ihrer Tochter wurde ihnen ins Bewusstsein gerufen, dass Kerstin wohl bald für immer das Elternhaus verlassen wird. Sie respektierten Kerstins Freiheit und das Verhältnis besserte sich zunehmend. In diesem Fall spiegelten sich die Ur-Prinzipen Freiheit, Unabhängigkeit und Individualität wider.

Wohnsitzwechsel

Welche Wohnung entspricht uns? Wo fühlen wir uns wohl? Diese Fragen können wir oftmals nicht direkt beantworten. Manchmal spüren wir irgendein Unbehagen und wissen nicht genau, woran es liegt. Eigentlich ist alles in Ordnung und doch überkommt uns das Gefühl, eine Änderung vornehmen zu müssen. Vielleicht fangen Sie plötzlich an, Möbel zu verrücken, das Zimmer neu zu streichen oder beginnen spontan mit Gartenarbeiten.

Das Zuhause ist ein Ausdruck unserer Persönlichkeit. Verändern wir es, dann ist es immer ein Ausdruck dafür, dass wir etwas auf einem anderen Gebiet, z. B. im Beruf oder in der Partnerschaft, ändern wollen. Ein Wohnungsumzug ist ein Aufbruch und Neuanfang. Er steht immer eng in Verbindung mit dem Ur-Prinzip "Veränderung", symbolisiert durch Uranus.

Die eigene Wohnung spiegelt einen Teil unserer Lebenseinstellung wider. Haben Sie z. B. Räume mit Möbeln und Unrat zugestellt, so dass Sie sich nur *beengt bewegen* können? Haben Sie überwiegend Einrichtungsgegenstände, die *überholt* oder nicht mehr Ihrem aktuellen Geschmack entsprechen? Laut Numerologie sagt sogar die Zahl der Hausnummer etwas über die Bewohner aus, z. B. ob sie viele Kontakte wünschen oder eher zurückgezogen leben wollen, ob sie sich in einer Wachstums- oder Stagnationsphase befinden. Wollen Sie in eine größere oder schönere Wohnung umziehen, gilt es, die eigene Einstellung zu verändern. Und das fängt auf der geistig-seelischen Ebene an.

Seitdem sich Esther von ihrem langjährigen Freund getrennt hatte, fühlte sie sich in der ehemals gemeinsamen Wohnung nicht mehr wohl. Zuviel erinnerte sie an Werner, der sang und klanglos gegangen war, als sie ihm nicht ins Ausland folgen wollte. Seine Firma hatte ihm eine aussichtsreiche Stelle als Leiter einer Auslandsfiliale angeboten, die er natürlich nicht ablehnen konnte. Sie hätte ihren Beruf aufgeben müssen, was vielleicht nicht einmal so schlimm gewesen wäre, weil er schon lange nicht mehr Berufung war, sondern lediglich dem Gelderwerb diente, aber hier fühlte sie sich zu Hause.

Esther suchte seit geraumer Zeit nach einer schönen kleinen Wohnung, konnte aber nichts finden, was ihren Vorstellungen entsprach. Selbst ihre Anzeigen in der Zeitung verliefen bisher ergebnislos. Zu ihrer Verwunderung erhielt sie eines Tages *zufällig* ein Schreiben von einem Mann, der auf eine Kontaktanzeige geantwortet hatte. Die Chiffre-Nummer ähnelten sich und waren von der Zeitung verwechselt worden. Zuerst überlegte sie, den Brief an den Verlag zurückzusenden, doch dann siegte die Neugier.

Sie rief den Mann direkt an, um ihn über das Versehen zu informieren. Während des Gesprächs erzählte sie ihm von ihrer vergeblichen Wohnungssuche. *Zufällig* besaß der Mann ein kleineres Mietshaus, indem gerade eine Wohnung frei geworden war. Er bot ihr an, diese einmal unverbindlich zu besichtigen. Die Wohnung entsprach ziemlich genau Esthers Vorstellungen und sie mietete sie. Beim Umzug, der reibungslos verlief, half ihr der freundliche Vermieter. Insgesamt wohnte sie dort ein Jahr, dann zog sie zu ihrem neuen Partner - der *zufällig* ihr Vermieter war.

Ereignisanalyse

Der Wunsch nach Veränderung in der Zweierbeziehung drückte sich auch in der Wohnungssuche aus. Solange sich Esther von ihrem bisherigen Partner innerlich nicht lösen konnte, solange blieb ihr der Wohnsitzwechsel versagt. Nachdem sich hierzu ihre Einstellung änderte, tauchte der *Zufall* mit den verwechselten Chiffre-Nummern auf. Als Folge vollzog sich die Einlösung ihres Wohnungswunsches auf der irdisch-materiellen Erdebene.

Das Uranus-Thema "Veränderung" hatte Esther somit in ihr Leben integriert. Dieses erlebte sie als Bereicherung und Neubeginn, auch in Bezug auf ihre Partnerschaft. Offensichtlich war sie in diesem Bereich ins Gleichgewicht gekommen, und damit in den Lebensfluss. Sie erhielt alsbald die Gelegenheit, einen neuen Partner kennenzulernen. Genauso gut hätte sie natürlich auch den Brief an den Zeitungsverlag zurücksenden können. Vermutlich wäre dann die ganze Sache im Sande verlaufen. Sie nutzte jedoch die Chance und gestaltete ihr Schicksal. Wir müssen stets bereit sein, für unser Tun oder Nichttun und seine Konsequenzen die Verantwortung zu übernehmen.

Ereignisse aus dem sozialen Umfeld

Autoritätskonflikte

Bei Konfrontationen mit Vorgesetzten, mit der Justiz oder anderen Autoritäten geht es in erster Linie um Expansion. Entweder verspüren wir selbst den Wunsch, unsere Grenzen auf Kosten anderer auszudehnen, oder unsere eigene Macht wird durch einen Aggressor beschnitten. In beiden Fällen entsteht ein Konflikt, den es zu lösen gilt. Erst wenn wir die Gegensätze Ausdehnung und Begrenzung im Gleichgewicht halten, stellt sich wieder Harmonie in unserem Leben ein.

Katrin hatte sich von ihrem Mann getrennt, weil sie seine ständige Bevormundungen nicht länger ertragen konnte. In ihren Augen behandelte er sie wie ein kleines Kind. Sie konnte sich aber gegen ihn nicht durchsetzen und der Streit eskalierte, als sie mit dem gemeinsamen Sohn von zu Hause auszog. Sie beauftragte einen Anwalt mit der Scheidung. Später einigten sich *zufällig* die Partner auf den Vorschlag des Ehemanns, dass der Advokat aus Kostengründen beide Parteien vor Gericht vertreten solle.

Um den Lebensunterhalt für sich und ihren Sohn zu verdienen, arbeitete Katrin halbtags als technische Angestellte in der Normenstelle. Als *zufällig* in der Firma ein Arbeitsplatz als Bauzeichnerin frei wurde, bewarb sie sich darauf. Schließlich war das ihr eigentlicher Beruf, in dem sie sich wohlfühlte. Der Job in der Normenstelle gefiel ihr nicht besonders, aber sie hatte damals auf die Schnelle nichts Besseres gefunden.

Ihr direkter Vorgestetzer rastete aus, als er von Katrins Bewerbung hörte. Sie sei erst kurze Zeit im Unternehmen und solle sich gefälligst erst einmal bewähren, bevor sie in eine andere Abteilung wechseln wolle. Der Chef verhinderte, dass ihre Bewerbung in der Personalleitung Gehör fand. Katrin fühlte sich ohnmächtig und resignierte, obwohl sie aufgrund ihrer Qualifikation und Erfahrung für den Platz bestens geeeignet gewesen wäre. Die Stelle als Bauzeichnerin erhielt schließlich eine externe Kraft.

Katrin ging es zunehmend schlechter. Die Unterhaltszahlungen ihres Mannes blieben aus, ihr Chef in der Normenstelle hegte einen

Groll gegen sie und machte ihr das Leben schwer, und zu allem Überfluss erkrankte sie *zufällig* an einem Augenleiden. Ihre Sehkraft ließ rapide nach und sie musste sich operieren lassen. Ihr behandelnder Augenarzt empfahl ihr, eine neue Methode auszuprobieren, die bessere Heilungsmethoden versprach. Katrin hegte starke Zweifel, andererseits war der Arzt eine anerkannte Kapazität.

Ihr Operationstermin musste *zufällig* und völlig überraschend verschoben werden, weil der Mediziner zu einem Notfall gerufen wurde. Auch ihr zweiter Termin fiel *zufällig* ins Wasser, weil Katrins Sohn erkrankte. Beim dritten Mal klappte es endlich. Bei dem Eingriff unterlief dem Arzt *zufällig* ein Kunstfehler. Als Folge ist Katrins Sehvermögen seitdem auf einem Auge stark eingeschränkt, das Sehfeld ist mit Streifen durchzogen. Der Arzt bestritt den Vorwurf des Pfusches und Katrin blieb nichts anderes übrig, als gegen ihn zu prozessieren.

Ereignisanalyse

Katrins persönliche Grenzen werden von verschiedenen Autoritäten missachtet und überschritten. Sie hat Mühe, ihre Freiheit durchzusetzen, weil sie sich den anderen nicht nur anpasst, sondern sich ihnen ausliefert. Aus rationaler Sicht mag es vielleicht richtig sein, einen gemeinsamen Anwalt mit der Scheidung zu beauftragen, aber man muss auch seinen Gefühlen Raum geben. Die Bevormundung seitens des Ehemanns erlebt hier eine Fortführung. Um dies Katrin klar zu machen, bleiben als Folge *zufällig* die Unterhaltszahlungen aus. Sie muss zum entgegengesetzten Handeln regelrecht gezwungen werden.

Die Ur-Prinzipien Sonne und Jupiter treten in Katrins Fall besonders zu Tage. Sonne steht für die eigene Autorität und Jupiter für die Ausdehnung der persönlichen Belange. Beides gelingt Katrin nicht. Im beruflichen Bereich wiederholt sich das Thema, obwohl es sich um unterschiedliche Ereignisse handelt. Der Aufstieg wird ihr aus fadenscheinigen Gründen verwehrt. Anstatt die Hindernisse aus dem Weg zu räumen, resigniert Katrin. Damit verdrängt sie die hinter den Ereignissen liegende Thematik. Sie muss lernen, ihre Grenzen und ihre Autorität zu verteidigen, ansonsten läuft sie Gefahr, dass sie ihre Person und ihre Ziele verleugnet.

Um diese Problematik endlich zu sehen, erhält sie bezeichnenderweise ein Augenleiden. Die Analogie ist hier offensichtlich.

Leider macht Katrin den Fehler und stellt die Autorität des Arztes über ihre eigene. Trotz unguter Gefühle und letzter Warnhinweisen, betrachtet man die Ausfälle der beiden Operationstermine, entscheidet sie sich für die neue Behandlungsmethode. Der Arzt ist lediglich Erfüllungsgehilfe bzw. Diener ihres Schicksals. Er hat bestimmt schon viele Patienten erfolgreich geheilt, aber *zufällig* bei Katrin unterläuft ihm dann der verhängnisvolle Fehler. Dieser ist nun der Auslöser, dass Katrin sich endlich wehrt und ihre Belange mit Hilfe der Justiz verteidigt.

Gerichtsprozess

Rechtsschwierigkeiten sind Vorgänge, die sich meist über einen längeren Zeitraum erstrecken und unsere Freiheit eher einschränken, selbst wenn wir die klagende Partei sind. Das anschließende Urteil kann die persönliche Ausdehnung einengen oder erweitern. Wir dürfen darüber nicht vergessen, dass wir stets das Ereignis ausgelöst und zu verantworten haben. Die Freiheit fängt immer bei uns im Geiste an, der Gerichtsprozess ist lediglich eine Einlösung auf der irdisch-materiellen Erdebene. Wir sollten uns über die Ursachen, die zum Prozess führen, im Klaren sein. Keineswegs sollten wir uns auf die Suche nach Schuldigen begeben. Recht und Gerechtigkeit sind immer eng mit dem Jupiter-Prinzip verbunden, das für Expansion und Entwicklung steht.

Katrin musste viele Gutachten von verschiedenen Ärzten anfertigen lassen, um den erlittenen Sehverlust zu bestätigen. Ein nervenaufreibendes Unterfangen, das viel Kraft erforderte. In erster Instanz unterlag sie, weil ihr Anwalt *zufällig* schlecht vorbereitet zum Termin erschien. Sie wechselte daraufhin die Rechtsanwaltskanzlei. Als sie ihre persönliche Situation schilderte, kam sie *zufällig* auf ihre laufende Scheidung zu sprechen, die von ihrem Mann systematisch verschleppt wurde. Katrins neuer Anwalt riet ihr, zu einem Kollegen aus der Kanzlei zu wechseln, der auf Familienangelegenheiten spezialisiert war.

Bei der Personalleitung ihres Arbeitgebers erkundigte sich Katrin, ob es Einsatzmöglichkeiten für sie als Bauzeichnerin gebe. Sie wies darauf hin, dass die neubesetzte Stelle laut Gesetz, das sie *zufällig* in der Zeitung gelesen hatte, nicht an eine externe Bewerberin gehen durfte. Die Personalleitung sah das als Affront gegen ihre Arbeit und beschimpfte Katrin auf das Übelste. Katrin entschloss sich daraufhin, die bereits vergebene Stelle einzuklagen. Nunmehr hatte sie drei Verfahren gleichzeitig am Laufen.

Stagnation

In den folgenden Wochen und Monaten zogen sich die Verhandlungen hin, ohne dass sich ein nennenswertes Ergebnis abzeichnete. In der Firma legte der Chef Katrin Hindernisse in den Weg und machte sie vor den Kollegen schlecht. Im Büro verschwand *zufällig* der Bericht von Katrin, den sie dem Chef auf den Schreibtisch gelegt hatte. Dieser behauptete, sie hätte diesen nie abgeliefert. Kurze Zeit später flatterte ihr die Kündigung ins Haus.

Bei der zweiten Verhandlung im Falle des angeblichen Kunstfehlers verharmloste *zufällig* der Sachverständige das Augenleiden von Katrin. Dies kam für sie umso überraschender, weil er im ersten Prozess für sie ausgesagt hatte.

Die Unterhaltszahlungen ließen immer noch auf sich warten, weil ihr Mann *zufällig* arbeitslos wurde. Katrin hatte das Gefühl, auf der Stelle zu treten und keinen Schritt vorwärts zu kommen.

Ereignisanalyse

Mit der Führung von gleich drei Prozessen wollte Katrin ihre Grenzen verteidigen und zugleich ihre Rechte ausdehnen. Vermutlich ist sie hierbei etwas über das Ziel hinausgeschossen. Während der Wechsel der Anwaltskanzlei sicherlich eine gute Entscheidung war, ist sie bei ihrem Arbeitgeber zu weit gegangen. Zum ersten Mal trat sie in diesem Fall nicht als Verteidigerin, sondern als Aggressorin auf. Mit Hilfe der Justiz wollte sie ihr Recht einfordern. Katrin übersah jedoch, dass die Zeit hierfür schon lange vorbei war. Sie hätte sich damals sofort wegen der Stelle wehren müssen. Als Antwort erhielt sie von der Firma die Kündigung.

Eine Stagnation bedeutet immer, dass unsere Bewegungsfreiheit eingeschränkt ist. Als Folge tauchen auf der irdisch-materiellen Ebene Hindernisse und Blockaden auf. Das Ur-Prinzip "Begrenzung" spielt hierbei die wichtigste Rolle, es wird von Saturn repräsentiert. Katrins Ausdehnungsdrang war ins andere Extrem verfallen und musste folglich durch Widerstände begrenzt werden. Der opportunistische Sachverständige und die ausbleibenden Unterhaltszahlungen lösen dies ein.

Sieg und Niederlage

Werden unsere Ziele und Wünsche erreicht, sprechen wir von einem Sieg. Wir haben dann alle Widerstände überwunden und unserer Idee zum Erfolg geholfen. Bei einem Prozessgewinn ist auch für Dritte sichtbar, dass wir uns mit unseren Belangen durchsetzen konnten. Vergessen wir nicht diejenigen, die uns dabei unterstützt haben.

Katrin wurde endlich geschieden und ihr Mann hielt sich weitgehend an die getroffenen Vereinbarungen. Das Verhältnis zu ihm besserte sich deutlich nach der erfolgreichen Trennung. Ihr Ex-Mann fand sogar einen besser bezahlten Job als den alten und überwies die Unterhaltszahlungen fortan regelmäßig.

Bei ihrem Anspruch auf Schadensersatz aufgrund des Kunstfehlers wurde ein Vergleich geschlossen. Katrin erhielt eine nennenswerte Summe, die aber über die irreparablen Schäden am Auge nicht hinweg trösten kann. Mit dieser Schuld, ihrer eigenen, muss Katrin leben. Der Sehfehler wird sie immer an den notwendigen Ausgleich erinnern.

Im Prozess mit dem Arbeitgeber musste sie eine herbe Niederlage einstecken. Am Ende blieb sie sogar auf den Prozess- und Anwaltskosten sitzen. Eine Niederlage bedeutet, dass wir mit unseren eigenen Vorstellungen nicht durchgekommen sind. Es sind uns unsere Grenzen aufgezeigt worden. Aber wir können aus dem Misserfolg lernen und wichtige Schlussfolgerungen ziehen, damit wir unsere Fehler und Schwächen in Zukunft überwinden können. Geben wir nie anderen die Schuld für unsere Niederlagen, denn es würde uns der Chance berauben, selbst die Verantwortung für das eingetretene Ereignis zu übernehmen und daraus Kraft zu schöpfen.

Ereignisanalyse

Der Ausgang der verschiedenen Prozesse zeigt letztlich den mehr oder weniger gelungenen Ausgleich zwischen den Prinzipien "Ausdehnung" und "Begrenzung" an. Katrin hat zwar die Urteile akzeptiert, aber das reicht nicht. Sie muss die Grenzen der anderen würdigen und respektieren. Erst dann hat sie das Ur-Prinzip in ihr Leben integriert und kann das Gleichgewicht herstellen.

Rache

Ihr ehemaliger Chef versuchte, Katrin bei ihrem neuen Arbeitgeber in Verruf zu bringen, indem er das Gerücht verbreitete, dass sie bei ihrer alten Firma Arbeitsmaterialien unterschlagen hätte. Er entwickelte einen regelrechten Hass auf Katrin. Vielleicht weil die Personalleitung ihm fehlendes Fingerspitzengefühl in dieser leidigen Angelegenheit vorgeworfen hatte. Unter diesem Vorwand hatte man ihm eine in Aussicht gestellte Beförderung versagt. Als Sündenbock musste nun Katrin herhalten.

Rachegefühle zeigen, dass wir nicht die Schuld bei uns, sondern bei einem vermeintlichen Verursacher suchen. Die Kraft, die sich daraus entwickelt, ist sehr energiegeladen und auf die Vernichtung des anderen ausgerichtet. Hass und Liebe bauen die stärksten Bindungen zwischen zwei Menschen auf. Rachegelüste schädigen nicht nur den Betreffenden, sondern vor allem denjenigen, von dem sie ausgehen. Bestrafungen sollten wir getrost den kosmischen Gesetzen überlassen, diese sorgen für den notwendigen Ausgleich. *Zufälligerweise* ist der ehemalige Chef von Katrin wenige Wochen später an einer Herzattacke gestorben.

Teil IV

NACHSCHLAGEWERK

Ereignisse, ihre Bedeutung, Ursache und Symbolik

Einführung

In diesem vierten Teil "Ereignisse, ihre Bedeutung, Ursache und Symbolik" werden mögliche Entsprechungen von Vorfällen aufgeführt. Natürlich können diese Erläuterungen nur eine Richtschnur sein. Sie spiegeln einerseits Einzelerfahrungen aus der Praxis wider, andererseits ergeben sie sich aus der Betrachtung der kosmischen Gesetzmäßigkeiten. Sie sollen Ihnen bei der Selbstanalyse und der Lösung Ihrer Probleme helfen. Gelingt es Ihnen, sich permanent fortzuentwi-ckeln, werden Sie Erfolg und Zufriedenheit erfahren.

Einem Schlüsselereignis gehen kleinere Begebenheiten voraus, denen wir oftmals keine besondere Beachtung schenken. Die Summe vieler Geschehnisse zieht als logische Folge diese und jene Situation nach sich. Des weiteren müssen bei der Analyse von Vorfällen die Historie, die Charaktereigenschaften und die Lebenserfahrung des Individuums berücksichtigt werden. Übernehmen Sie bitte deshalb die Vorlagen nicht eins zu eins in Ihr Leben, sondern überlegen Sie gut, welche Bedeutung das Ereignis speziell für Sie hat. Die einzelnen Erläuterung sind in vier Rubriken eingeteilt:

1. Die Entsprechung
gibt an, wie die Situation mit Hilfe des analogen Denkens betrachtet werden kann, welche Parallelen naheliegend sind.

2. Die Aufgabe
zeigt an, welches Thema hinter dem Ereignis steckt und was wir tun sollen, um es in unser Leben zu integrieren. Die jeweilige Polarität erkennen.

3. Die Warnung
sagt aus, welchen Bereich wir zu stark gewichten und welche Gefahren drohen

4. Das Prinzip
das hinter jedem Ereignis liegt. Wir verwenden hierzu die astrologischen Urprinzipien mit der bekannten Planetensymbolik, s. a. Teil I.

Register

Abspaltung

(Siehe auch Blockade)

Entsprechung: Sich von anderen zurückzuziehen, um Rückschau über das bisherige Leben zu halten und Klarheit über sich zu gewinnen, kann eine Zeit lang eine sinnvolle Aufgabe sein. Lösen wir uns aber enttäuscht von der übrigen Menschheit ab, in dem wir unsere eigene Vorstellungswelt aufbauen und sie als Gesetz implementieren, so befinden wir uns auf dem Weg der Isolation. Verstörung, Verwirrung und Hass sind zwangsläufig die Folge. Vielleicht orientiert man sich sogar nur an materiellen Dingen.

Aufgabe: Lösen Sie sich rechtzeitig aus der Abspaltung. Stellen Sie die Ganzheit wieder her.

Warnung: Sich durch die Abspaltung zu isolieren und zu blockieren. Den Zugang zu Mitmenschen zu verlieren, nur noch an die eigene Welt zu glauben.

Prinzip: Mond/Uranus.

Absturz

Entsprechung: Aus einer bestimmten Höhe fallen. Auf den Boden der Tatsachen zurückgeholt werden. Sie haben sich zu hoch hinaus gewagt und sich in der Höhe verstiegen. Ihr übertriebener Expansionstrieb wird durch das kosmische Gesetz begrenzt und auf die Ihnen entsprechende Größe zurechtgestutzt.

Aufgabe: Werden Sie sich Ihrer eigenen Grenzen bewusst und akzeptieren Sie diese. Prüfen Sie, ob Sie sich unrechtmäßig über andere erhoben haben oder zu hoch hinaus wollten und damit die kosmischen Gesetze verletzt haben. Besser Sie kehren freiwillig nach unten, bevor ein weiterer Sturz aus der Höhe Sie zwangsweise trifft. Überdenken Sie Ihre Einstellung und korrigieren Sie diese. Ausdehnung und Wachstum sollten nicht unkontrolliert, sondern nur im Einklang mit der kosmischen Ordnung erfolgen.

Warnung: Vor Arroganz und Egoismus.

Prinzip: Jupiter/Saturn.

Aggressivität
(Siehe auch Auseinandersetzung)

Entsprechung: Suchen Sie den Kampf um des Streites willen? Die Durchsetzung muss einen Zweck verfolgen. Hat man das Ziel erreicht, muss der Frieden wieder einkehren können.
Sind Sie dagegen Opfer von Aggressionen, so soll Ihre eigene Widerstandskraft herausgefordert werden. Tun Sie dies freiwillig, indem Sie aggressiver auftreten, so nehmen die Hindernisse in Ihrem Umfeld ab.

Aufgabe: Prüfen Sie, ob Sie eine gesunde Aggressivität an den Tag legen. Zu wenig oder zu viel zeigt sich in Form von Widerständen bzw. in gefühlsmäßiger Isolation.

Warnung: Nicht über das Ziel hinauszuschießen. Seine Triebe nicht unter Kontrolle zu haben. Vor Passivität und widerstandslosem Über-sich-Ergehen lassen.

Prinzip: Mars

Alpträume
(Siehe auch Traum)

Entsprechung: Verdrängte Ängste und Zweifel melden sich zu Wort. Das Unterbewusstsein sendet Ihnen in Form von Bildern die anstehenden Themen und ruft sie Ihnen ins Bewusstsein. Träume sind reale Ereignisse auf der geistig-seelischen Ebene, sie machen Ihnen Ihre Schattenseiten offenbar.

Aufgabe: Leugnen und verdrängen Sie nicht Ihre Ängste und Zweifel. Geben Sie ihnen Raum. Setzen Sie sich mit ihnen auseinander. Stehen Sie auch zu den dunklen Seiten Ihrer Seele. Sie sind ein wichtiger Teil von Ihnen. Nur mit ihrer Hilfe gelingt Ihnen der Ausgleich zum ganzheitlichen Individuum.

Warnung: Vor ständiger Verdrängung und Nicht-wahr-haben wollen. Flucht vor sich selbst.

Prinzip: Saturn/Neptun.

Anerkennung

Entsprechung: Leistungen finden im Umfeld Beachtung und Anerkennung. Das Verhältnis zwischen persönlichem Einsatz, Auftreten nach außen und das Einstehen für seine Rechte und Pflichten ist ausgewogen. Als Lohn erhält der Betreffende die nötige Anerkennung.

Aufgabe: Ist die Anerkennung echt? Stimmt sie mit Ihrer Leistung überein oder dient sie nur dazu, sich unterzuordnen?
Bei Nicht-Anerkennung der persönlichen Verdienste sollte das Eintreten für die eigenen Belange geprüft und ggf. korrigiert werden. Selbstbewusstes Auftreten ist gefordert. Ängste und Strukturen müssen überwunden werden.

Warnung: Vor Arroganz und Selbstbeweihräucherung. Seine Meinung nicht mehr zu äußern und zu vertreten.

Prinzip: Sonne/Jupiter.

Angst

Entsprechung: Jeder Mensch hat Ängste, das ist völlig normal. Wir dürfen sie auf keinen Fall leugnen, sondern müssen uns mit ihnen auseinandersetzen. Im Gegensatz zur Furcht können wir Ängste nicht rational begründen, vielmehr handelt es sich um Empfindungen. Sobald wir uns unsere Ängste bewusst machen, verlieren sie einen Großteil ihres Schreckens. Sie gehören ebenso zu Ihnen, wie die positiven Charaktereigenschaften.

Aufgabe: Gestehen Sie sich Ihre Ängste ein. Analysieren Sie, was wirklich hinter der Angst steckt, welches Thema aufgenommen werden möchte. Verbirgt sich z. B. hinter der Existenzangst ein krankhaftes Sicherheitsbedürfnis? Versuchen Sie Ihre Ängste aufzulösen, indem Sie sich mit dem entsprechenden Thema beschäftigen.

Warnung: Sich von den eigenen Ängsten beherrschen zu lassen. Sie nicht wahrzunehmen und wahrhaben zu wollen.

Prinzip: Mond/Saturn.

Arbeitsunfall

Entsprechung: Ein Unfall ist ein überraschendes, plötzlich eintretendes Ereignis. Mit Hilfe des Unfalls soll uns etwas ein- bzw. auffallen. Der Vorfall zwingt uns, die Richtung zu ändern, unseren gewohnten Trott zu verlassen und etwas Neues zu erfahren.
Der Unfall am Arbeitsplatz oder auf dem Arbeitsweg zeigt deutlich den Themenbereich an, wo eine Änderung notwendig ist. Das bedeutet, im Beruf Strukturen aufzulösen oder neu anzupassen. Unfälle auf dem Weg zum Vorstellungsgespräch können z. B. ein Hinweis sein, diesen Arbeitgeber oder die Tätigkeit nicht zu wählen.

Aufgabe: Prüfen Sie, was in Ihrem Arbeitsumfeld einer Änderung oder Erneuerung bedarf. Zögern Sie nicht, die notwendigen Schritte zu unternehmen. Achten Sie auch auf kleinere Vorfälle, die oft Vorboten von radikalen Einschnitten sind. Wer oder was stört Sie im beruflichen Bereich?

Warnung: Den Unfall als zufälligen Schicksalsschlag interpretieren zu wollen. Sie sind betroffen und Sie sind auch damit angesprochen. Folgen Sie auf keinen Fall den bisherigen Strukturen und Gewohnheiten.

Prinzip: Saturn/Uranus.

Armut
(Siehe auch Verluste)

Entsprechung: Es besteht kein Ausgleich zwischen Geben und Nehmen. Entweder hat man in der Vergangenheit mehr bekommen als einem zustand oder man vergisst, etwas zu geben. Wer Güter empfangen will, muss im Gegenzug dafür eine Gegenleistung erbringen. Diese kann materieller oder immaterieller Natur sein.

Aufgabe: Überlegen Sie, in welchem Bereich der Ausgleich zwischen Geben und Nehmen vonnöten ist. Bringen Sie ihn. Versprechen Sie für die Befreiung aus der Armut eine Gegenleistung.

Warnung: Stellen Sie die Balance wieder her, sonst kommt es zu weiteren Korrekturen und die Wachstumskrise hält an.

Prinzip: Jupiter/Saturn.

Aufbruch
(Siehe Neuanfang, Ausbruch)

Ausbruch
(Siehe auch Einbruch)

Entsprechung: Der Wunsch, aus bestehenden Strukturen auszubrechen. Grenzen, die einen umgeben, zu überschreiten. Das Gefühl wird solange vom Verstand diszipliniert, bis es unkontrolliert zu einem Gefühlsausbruch kommt. Die aufgestauten Energien werden schlagartig freigesetzt.

Aufgabe: Den Verstand zugunsten des Gefühls rechtzeitig zurücknehmen. Auf seine innere Stimme hören und den rationalen Überlegungen weniger Gewicht verleihen. Die Balance zwischen Verstand und seelischem Empfinden herstellen.

Warnung: Sein Handeln und Denken nicht mit seinen Gefühlen abzustimmen.

Prinzip: Mond/Uranus.

Auseinandersetzung

(Siehe auch Konkurrenz)

Entsprechung: Mit den Meinungen anderer konfrontiert werden, die eigenen Ansichten der Umwelt gegenüber zu vertreten. Den Austausch mit anderen suchen und finden. Sich mit seinen Mitmenschen reiben bzw. aufreiben. Oftmals der Versuch, sich, egal auf welche Weise, durchzuboxen

Aufgabe: Einerseits für die Reden der anderen offen zu sein, andererseits die eigene Meinung kundzutun. Das zwischenmenschliche Umfeld überzeugen, aber nicht überfahren. Die Mitmenschen für die eigenen Belange gewinnen.

Warnung: Sich ohne Rücksicht auf andere, um jeden Preis durchsetzen zu wollen.

Prinzip: Merkur/Mars.

Ausfall

Entsprechung: Eine bestimmte Funktion fällt aus. Es treten Ausfallerscheinung auf, sei es am Menschen selbst oder an Gegenständen in seiner Umgebung. Wie kann die fehlende Funktion ersetzt oder kompensiert werden? Durch den Ausfall rücken andere Eigenschaften und Ziele in den Mittelpunkt. Der Verlust der fehlenden Funktion wird einem ins Bewusstsein gerufen, sei es, dass man sie nicht gebührend beachtet oder überstrapaziert hat.

Aufgabe: Prüfen Sie, welches Thema durch den Ausfall angesprochen wird und welche Folgen das Ereignis für Sie hat. Stellen Sie die Ausgewogenheit in dem betroffenen Bereich wieder her.

Warnung: Den Ausfall und das dahinter verborgene Thema nicht wahrzunehmen, indem der Verlust sofort durch andere Hilfsmittel kompensiert wird.

Prinzip: Sonne.

Aussöhnung

(Siehe auch Auseinandersetzung)

Entsprechung: Sich mit der eigenen Person aussöhnen. Dies bildet die Voraussetzung, um sich mit der Umwelt zu versöhnen. Aussöhnung bedeutet, durch den Streit mit anderen und der anschließenden Versöhnung auf seine eigenen Defizite hingeführt zu werden.

Aufgabe: Söhnen Sie sich nicht nur mit Ihrer Umgebung aus, sondern vielmehr mit den eigenen Schattenseiten. Stehen Sie zu Ihren verborgenen Seiten und bringen Sie sie in Einklang mit den übrigen Eigenschaften Ihrer Person.

Warnung: Verwechseln Sie Aussöhnung nicht mit Anpassung um des lieben Friedens willen.

Prinzip: Merkur/Venus.

Aussprache

(Siehe Aussöhnung)

Austausch

Entsprechung: Die Kommunikation mit der Umwelt steht im Vordergrund. Voraussetzung hierfür ist die Bereitschaft, für Neuerungen und Veränderungen offen zu sein. Nicht nur an bestehenden Strukturen und Gewohnheiten festzuhalten. Meinungsaustausch ist ein wechselseitiges Geben und Empfangen.

Aufgabe: Stellen Sie das Gleichgewicht zwischen Geben und Empfangen auf der Kommunikationsebene her. Lassen Sie die Gefühle und Meinungen fließen, ohne den anderen zu kritisieren.

Warnung: Seien Sie bei dem Austausch ehrlich und offen. Urteilen Sie nicht voreilig, nehmen Sie die Botschaft wahr.

Prinzip: Merkur.

Autokauf

(Siehe auch Kauf)

Entsprechung: Beim Autokauf geht es nicht nur um ein Geben und Nehmen, vielmehr identifizieren sich viele Käufer mit und durch den Besitz des Autos.
Schwierigkeiten und Hindernisse beim Autokauf lassen auf eigene Hemmnisse und Defizite schließen. Man will sich Prestige und Ansehen verschaffen, das einem nicht oder noch nicht zusteht.

Aufgabe: Beschäftigen Sie sich mit den Zusatzeigenschaften, die Sie mit dem Autokauf erwerben. Machen Sie sich bewusst, wie Sie sich nach außen hin präsentieren wollen und ob dies Ihrer inneren Einstellung entspricht.

Warnung: Sich nicht mit fremden Federn zu schmücken. Mehr Schein als Sein. Sich nur über das Auto zu identifizieren. Machen Sie sich von materiellen Dingen innerlich unabhängig.

Prinzip: Jupiter.

Autoritätskonflikt

Entsprechung: Konfrontationen mit Vorgesetzen, mit der Justiz oder anderen Autoritäten entstehen meist durch einen Expansionsdrang, die eigene Macht zu vergrößern oder Besitztümer zu mehren. Sobald dieser Ausdehnungsdrang die Grenzen eines anderen verletzt, kommt es zu einem Konflikt. Es geht also darum, Ausdehnung und Begrenzung im Gleichgewicht zu halten. Werden Sie z. B. von einem Aggressor angegriffen, sollten Sie prüfen, ob Sie sich in der Vergangenheit zu sehr abgegrenzt und die eigene Expansion vernachlässigt haben.

Aufgabe: Gehen Sie in sich und prüfen, ob Sie als Angreifer oder Verteidiger auftreten. Handeln Sie entsprechend und stellen Sie den Ausgleich zwischen Ausdehnung und Begrenzung her.

Warnung: Den Expansionsdrang ungehemmt auszuleben. Egoistisch und arrogant agieren.

Prinzip: Sonne/Jupiter.

Beförderung

Entsprechung: Seiner Entwicklung und seinen Leistungen gemäß die Position erreichen, die einem zusteht. Dies setzt voraus, seine eigenen Fähigkeiten zu kennen und richtig einzuschätzen. Für die eigenen Belange zu kämpfen, sich mit sachlichen, überzeugenden Argumenten durchzusetzen.

Aufgabe: Die persönliche Entwicklung muss der eigenen Person entsprechen. Prüfen Sie, ob dies der Fall ist. Melden Sie Ihre Ansprüche an und nehmen Sie den Ihnen gebührenden Platz ein.

Warnung: Lassen Sie sich nicht einfach (weg-)befördern. Treten Sie für Ihre Belange und Ziele ein. Verteidigen Sie Ihre Rechte.

Prinzip: Mars/Jupiter.

Begegnung

(Siehe auch Auseinandersetzung, Austausch)

Entsprechung: Die ausstrahlende Kraft trifft auf ein Gegenüber. Wir können auf mehrere Arten die Begegnung erleben, mittels Konfrontation, Austausch oder Vereinigung. In allen Fällen sollen wir durch unser Gegenüber auf etwas aufmerksam gemacht werden und unsere Erfahrungen erweitern. Bei der Begegnung ist es wichtig, ehrlich und offen seine Gefühle mitzuteilen. Aus dem Zusammenstoß etwas lernen. Nichts geschieht *zufällig* im Leben.

Aufgabe: Machen Sie sich den Sinn und Zweck der Begegnung bewusst. Auf welches Thema will Ihr Gegenüber Sie hinlenken? Denken Sie daran, dass Sie die Begegnung durch Ihr Denken und Handeln verursacht haben.

Warnung: Keine Anpassungsbereitschaft zu zeigen. Den Zugang zu der eigenen Person zu verwehren. Kein inneres Engagement zu zeigen.

Prinzip: Venus.

Berufskrise

(Siehe auch Krise)

Entsprechung: Eine Krise ist der Wunsch, den bisherigen Zustand zu ändern, ohne genau zu wissen, was und wohin man will. Die Berufskrise im Besonderen bedeutet, eine gewohnte, manchmal als unerträglich empfundene Arbeitssituation aufzugeben und etwas Neues im beruflichen Gebiet zu beginnen. Dies kann eine andere Stelle, ein besserer Arbeitgeber oder eine neue Tätigkeit sein.

Aufgabe: Leiten Sie die notwendig gewordenen Änderungen ein. Zögern Sie nicht, Ihre Berufspläne umzusetzen. Rationale Überlegungen dürfen nicht die Oberhand über Ihr seelisches Gefühlsleben gewinnen. Trauen Sie Ihrer Intuition. Beachten Sie, dass Transformationsprozesse meist von längerer Dauer sind.

Warnung: Die Zeichen der Zeit und damit den Zeitpunkt der Veränderung zu ignorieren. Keine Erneuerungen vorzunehmen und in alten ausgetretenden Pfaden weiter marschieren zu wollen.

Prinzip: Pluto.

Beschlagnahmung

Entsprechung: Jemanden oder etwas in Beschlag bzw. in Besitz nehmen. Sich einverleiben bzw. sich mehr zu nehmen, als einem zusteht. Die Beschlagnahmung ist eine Art der Sicherung, der Bewahrung der bisherigen Verhältnisse. Sie ist eine Enteignung und behindert die Freiheit und Unabhängigkeit der betroffenen Person.

Aufgabe: Prüfen Sie, ob Sie von einer Sache oder einer Person zu sehr in Beschlag genommen werden oder ob Sie selbst der Übeltäter sind. Bauen Sie einen Schutz Ihrer Person auf bzw. akzeptieren Sie auch die Grenzen der anderen. In welcher Form und auf welchem Gebiet findet die Enteignung statt?

Warnung: Ist die Unabhängigkeit und Freiheit der eigenen Person gewährleistet? Lassen Sie im Gegenzug auch Ihren Mitmenschen den ihnen zustehenden Freiraum?

Prinzip: Sonne/Uranus.

Betrug

Entsprechung: Der Vorfall des Betrugs setzt voraus, dass Sie sich täuschen lassen. Sie schätzen eine Situation oder eine Person falsch ein. Selbst bei einem clever eingefädelten Plan warnt Sie Ihr Unterbewusstsein vor der drohenden Gefahr. Ignorieren Sie diese kleinen Hinweise, dann geraten Sie immer tiefer in den Strudel der Täuschung und der Illusion. Sobald Sie Ihre Defizite wahrnehmen, sinkt Ihre Verwundbarkeit. Der Betrüger kann sich weniger bei Ihnen einschmeicheln und Sie blenden.
Falls Sie selbst dazu neigen, unaufrichtig gegenüber Ihren Mitmenschen aufzutreten, sollten Sie sich fragen, ob Sie vor der Wahrheit Angst haben. Viele Geschäftspartner schätzen ehrliche und offene Verhandlungen. Unehrlichkeiten werden immer intuitiv vom Gegenüber gespürt.

Aufgabe: Erkennen Sie Ihre Schwächen und setzen Sie sich mit ihnen auseinander. Stehen Sie zu Ihren Gefühlen und vermeiden Sie Täuschungen. Stellen Sie sich mit Hilfe Ihrer Fantasie einen positiven, ehrlichen Erfolg vor.

Warnung: Sich immer wieder selbst etwas vorzumachen und durch wiederholten Reinfall, den Spiegel vor die Nase gehalten zu bekommen.

Prinzip: Neptun.

Blockade

(Siehe auch Abspaltung, Hindernis)

Entsprechung: Diese Form des Widerstandes hat ihren Ursprung bei den uns selbst auferlegten Grenzen. Um die Sperren auf der irdisch-materiellen Welt zu durchbrechen, muss die Blockierung im geistig-seelischen Bereich gefunden und aufgelöst werden. Der Betroffene baut einen Schutzwall um sich auf, um sich von den vermeintlichen Gefahren der Außenwelt abzuschotten. Isolation und Einsamkeit sind die Folge. Ereignisse, die uns blockieren, zwingen uns, die eigenen Mauern niederzureißen, denn diese haben ihren ursprünglichen Sinn längst verloren und sind selbst zu einem Hindernis für uns geworden.

Aufgabe: Überlegen Sie, welche selbst auferlegten Blockaden ihren Zweck verloren haben und zum Ballast geworden sind. Das Ereignis gibt das Thema an, um das es sich dreht. Verlassen Sie den Weg der Abkapselung und schreiten Sie zuversichtlich in die Welt hinaus.

Warnung: Ziehen Sie sich nicht länger zurück, Sie verlieren den Kontakt zur Außenwelt. Frostige Verschlossenheit könnte die Folge sein.

Prinzip: Mond/Saturn.

Brand

(Siehe Zerstörung)

Bruch

(Siehe Einbruch, Trennung)

Chaos

Entsprechung: Breitet sich um Sie das Chaos aus, ist dies ein Zeichen von Unentschlossenheit. Man findet seine eigene Linie nicht. Das äußere Durcheinander reflektiert lediglich unsere innere Verwirrung und Zerrissenheit. Es zwingt einen zum Nachdenken über die eigenen Bedürfnisse und zum adäquaten Handeln.

Aufgabe: Suchen Sie Ihren roten Faden, speziell in dem angesprochenen Bereich. Machen Sie sich bewusst, was Sie anstreben und was nicht. Erkennen Sie Ihre Aufgaben und handeln Sie entsprechend zielorientiert.

Warnung: Lassen Sie das Chaos nicht noch größer werden. Zögern Sie Entscheidungen nicht länger hinaus.

Prinzip: Neptun/Pluto.

Demütigung

Entsprechung: Vielleicht haben Sie sich zu weit aus dem Fenster gelehnt oder Ihre Meinung voreilig und unüberlegt kundgetan. Durch die erfahrene Demütigung sollen Ihnen Ihre Grenzen aufgezeigt und bewusst werden. Sie haben sich über andere erhoben. Ihr Stolz ist verletzt und fordert Sie auf, den Platz Ihrer Entwicklung gemäß anzunehmen.
Eine andere Möglichkeit besteht darin, dass durch die erfolgte Demütigung Ihre eigene Tatkraft und Entschlossenheit geweckt werden sollen.

Aufgabe: Falls Sie sich zu weit hinausgewagt haben, sollten Sie Ihr augenblickliches Limit erkennen. Vernachlässigen Sie dagegen Ihre Antriebsstärke, sollten Sie in Zukunft mehr Mut und Selbstvertrauen an den Tag legen.

Warnung: Schlagen Sie nicht unreflektiert mit gleichen Mitteln zurück. Überdenken Sie Ihre Einstellung in diesem Bereich.

Prinzip: Sonne/Mars.

Desorientierung
(Siehe Chaos)

Diebstahl

Entsprechung: Durch den Diebstahl verlieren Sie einen Teil Ihres Besitzes. Zum einen wird Ihnen durch den Vorfall gezeigt, dass Beständigkeit und Eigentum, trotz ihrer Zuordnung zur Materie, nur unsichere Werte sind. In Wirklichkeit müssen Sie flexibel bleiben und sich ständig neu anpassen. Scheinbar feste Strukturen und Sicherheiten können sich schnell in Wohlgefallen auflösen.

Aufgabe: Klammern Sie sich nicht an materielle Güter. Überprüfen Sie, welche "Sicherheitsheitsvorkehrungen" überflüssig oder überholt sind. Definieren Sie Ihre Person nicht über das Hab und Gut, das Sie besitzen. Orientieren Sie sich vermehrt auf den geistig-seelischen Bereich.

Warnung: Versuchen Sie, nicht ängstlich Ihren Besitzstand zu wahren oder auszubauen. Letztlich stellt er nur eine wackelige Scheinsicherheit dar.

Prinzip: Sonne/Venus und Sonne/Jupiter.

Druck

(Siehe auch Spannung)

Entsprechung: Die Anforderungen an sich oder andere sind ausgesprochen hoch. Die Energie kann nicht in gewünschte Bahnen gelenkt werden und richtet sich gegen andere oder gegen die eigene Person. Aggression und Schwäche sind die Folge.

Aufgabe: Bringen Sie Anspruch und Ziel in Einklang mit Ihrer Person. Die eigene Energie muss mit den Aufgaben wachsen. Betrachten Sie kritisch Anforderung und Wirklichkeit, schätzen Sie Ihr gegenwärtiges Entwicklungspotential realistisch ein.

Warnung: Sich immer zu hohe Ziele zu setzen und dadurch selbst kleine Schritte vorwärts nicht zu Wege zu bringen.

Prinzip: Mars/Saturn.

Einbruch

Entsprechung: Der Bruch an für sich bedeutet eine Unnachgiebigkeit, die zuletzt die Starre mit einem plötzlichen Ruck überwindet. Der Einbruch gibt somit eine Unbeweglichkeit und Unbeugsamkeit unsererseits an. Durch das Eindringen in unsere Privatsphäre geschieht zwangsläufig eine Änderung bei uns, ob es uns nun gefällt oder nicht. Einen Hinweis, welches Thema im Besonderen betroffen ist, geben womöglich die gestohlenen Gegenstände an bzw. der Bereich, wo Sie entfernt worden sind.

Aufgabe: Überwinden Sie Ihre Starre und bleiben Sie flexibel. Schaffen Sie überholte Strukturen ab.

Warnung: In festen Gewohnheiten verhaftet und gefangen zu sein.

Prinzip: Saturn/Uranus.

Engpass

(Siehe Armut)

Einsamkeit

(Siehe Isolation)

Enttäuschung

(Siehe Täuschung)

Erbschaft

Entsprechung: Wir können sowohl ein materielles als auch ein geistiges Erbe antreten. Rechte und Pflichten gehen auf uns über. Wir erhalten mit der Erbschaft nicht nur eine Chance, Reichtum zu erlangen, sondern auch die Verpflichtung, mit diesem verantwortungsvoll umzugehen. Verantwortungsvoll bedeutet, die Balance zwischen Geben und Nehmen einzuhalten.
Erben wir nichts, kann dies einerseits ein Vorteil sein, weil zwischen uns und dem Erblasser keine Verbindung besteht. Es könnte auch ein Hinweis sein, dem Erbe nicht zu genügen. Anderseits kann man auch ein schweres Erbe antreten. Die Erwartungen sind hoch, vielleicht zu hoch für unsere Entwicklungsstufe. Es führt uns aber auf wichtige Erfahrungen hin.
Erbe hat immer etwas mit Anfang und Ende zu tun. Der Abschied in dieser Welt bedeutet für einen Verstorbenen einen Neuanfang in einer anderen Welt. Ebenso ist es für den Erben ein Neubeginn auf der irdisch-materiellen Ebene. Die bisherige Situation nimmt ein Ende.

Aufgabe: Wenn Sie ein Erbe antreten, sollten Sie sich auch über die damit eingehenden Verpflichtungen im Klaren sein. Umgekehrt, falls Sie nichts erben, sollten Sie sich fragen, welche Defizite in Ihrer persönlichen Entwicklung vorliegen. Im übrigen könnte es sich später als Vorteil erweisen, nichts zu erben. Als Erblasser überdenken Sie, dass Sie nichts mitnehmen können in die andere Welt und auch keine Anweisungen an Ihre Erben weitergeben können. Suchen Sie einen Erben aus, der verantwortungsvoll mit Ihrem Erbe umgeht.

Warnung: Vergessen Sie nicht den Ausgleich zwischen Empfangen und Geben. Eine adäquate Gegenleistung muss folgen.

Prinzip: Pluto.

Erpressung

Entsprechung: Das Wort Erpressung erinnert uns an die Redewendung "jemanden ausquetschen wie eine Zitrone". Durch das von außen verursachte Pressen soll derjenige etwas herausrücken, was er freiwillig nicht zu geben bereit ist. Um seinen Forderungen Nachdruck zu verleihen, benützt der Erpresser ein seiner Meinung nach geeignetes Druckmittel. Dies kann von körperlicher Gewalt hin bis zu kompromittierenden Informationen über den Erpressenden reichen. Sobald wir offen unsere Fehler und unsere Schattenseiten eingestehen, sind wir für unsere Mitmenschen nicht mehr so leicht angreifbar. Druckmittel verlieren Ihre Bedeutung.

Aufgabe: Überlegen Sie, welche Eigenschaften und Informationen Sie über Ihre Person nicht preisgeben wollen. Was versuchen Sie vor Ihrer Umwelt geheim zu halten? Seien Sie offen, isolieren Sie sich nicht. Besser, Sie tun es freiwillig, bevor die Umstände Sie zwingen.

Warnung: Sich bedeckt zu halten, sich zurückzuziehen, etwas unbedingt verbergen zu wollen. Andere unter Druck zu setzen und sie gewaltsam zu zwingen.

Prinzip: Merkur/Pluto.

Fall
(Siehe Absturz)

Fehlschlag

Entsprechung: Die Ursachen für Misserfolge sind natürlich überaus vielfältig. Fehlschläge können sich durch falsche Vorstellungen, Unehrlichkeit, Betrug, Konzentrations- und Willensschwäche usw. ergeben. In allen Fällen wollten wir jedoch ein persönliches Ziel erreichen, also uns im gewünschten Sinne ausdehnen und verwirklichen. Oft reicht schon ein kleines Defizit in den oben genannten Themengebieten aus, um unsere Träume vom Erfolg zerplatzen zu lassen.

Aufgabe: Analysieren Sie aufmerksam den Verlauf des Misserfolges. Überlegen Sie, welche Ursachen letztendlich zum Misslingen des Vorhabens geführt haben. Betrachten Sie hierfür weniger die rationalen Gründe, vielmehr sollten Sie darauf hören, was Ihr Gefühl im Bauch zu Ihnen sagt. Versuchen Sie, die entdeckten Defizite aufzulösen und starten Sie einen neuen Anlauf.

Warnung: Nur rationale Gründe zu betrachten. Anderen die Schuld am Scheitern zu geben.

Prinzip: Jupiter.

Finanzkrise

(Siehe auch Krise, Berufskrise)

Entsprechung: Eine Krise ist immer ein Übergang. Eine alte Situation ist nicht mehr tragfähig und muss geändert werden. Allerdings wissen wir meistens nicht genau, wie das geschehen soll. Im speziellen Fall der Finanzkrise muss unsere Einstellung zu Vermögen und Besitz neu geregelt werden. Vielleicht waren wir zu sehr in materiellen Sichtweisen verstrickt, die uns von der geistigen Entwicklung abgehalten haben. Oder wir haben uns um finanzielle Angelegenheiten nicht in ausreichendem Maße gekümmert. Auf jeden Fall besteht ein Missverhältnis zwischen Materie und Geist.

Aufgabe: Stellen Sie den Ausgleich zwischen Materie und Geist wieder her. Prüfen Sie, ob materieller Besitz Sie von Ihren ideellen Zielen abgelenkt hat. Haben Sie die Materie unter- oder überbewertet? Finden Sie eine neue Einstellung zu Geld und Vermögen.

Warnung: Krampfhaft mit alten, überholten Rezepten das eigene Vermögen sichern bzw. Geld zusammenraffen zu wollen. Verweilen Sie nicht in bisherigen Strukturen.

Prinzip: Pluto.

Fixierung

(Siehe auch Blockade)

Entsprechung: Wir sind von einer Idee besessen und verfolgen diese, ohne auf unsere innere Stimme zu hören. Durch unsere Fixierung erleben wir keinen Fortschritt.
Häufig erleben wir *Zufälle*, die mit "Fortbewegung" in Verbindung stehen, z. B. Beinverletzungen oder Liegenbleiben des Autos. Sie zeigen uns, dass wir uns geistig bewegen müssen, um unsere Ziele zu erreichen. Flexibilität ist gefragt und nicht stures Festhalten.

Aufgabe: Lösen Sie sich aus der Fixierung, indem Sie notwendige Änderungen vornehmen.

Warnung: Weiterhin stur einer fixen Idee nachzurennen.

Prinzip: Saturn/Uranus.

Flucht

Entsprechung: Vor der Verantwortung flüchten. Flucht bedeutet, sich den anstehenden Themen und Problemen nicht stellen wollen. Wir ziehen es vor, unsere Aufgaben von anderen bewältigen zu lassen und machen uns aus dem Staub. Aber das ist keine adäquate Lösung, denn unsere Probleme und Pflichten holen uns immer wieder ein, solange bis wir sie gelöst haben. Sogar Selbstmord trennt uns nicht von unseren Lebensaufgaben. Besser, wir nehmen unsere Themen an, bevor sie sich zu Gespenstern auswachsen.
Von der Flucht ist der Rückzug zu unterscheiden. Dieser ist ein Ausweg, den man aus gewonnener Einsicht und Erkenntnis ausgewählt hat.

Aufgabe: Stellen Sie sich Ihren Themen. Übernehmen Sie Verantwortung.

Warnung: Vor sinnlosem Davon-Rennen. Den Kopf in den Sand zu stecken.

Prinzip: Saturn.

Flugzeugabsturz

(Siehe Absturz)

Freiheitsdrang

(Siehe auch Gefängnis)

Entsprechung: Der Wunsch nach Freiheit und Unabhängigkeit wird immer stärker, er entwickelt sich zu einem unaufhaltsamen Drang. Gewohnte Strukturen engen uns ein und müssen überwunden werden. Dem Freiheitsdrang muss Raum und Beachtung geschenkt werden.

Aufgabe: Horchen Sie in sich hinein, in welchen Bereichen eine Umstellung notwendig ist, um Ihrem Freiheits- und Unabhängigkeitsdrang gerecht zu werden. Setzen Sie Ihre Bedürfnisse mutig um.

Warnung: An alten Strukturen festhalten zu wollen. Den eigenen Freiheitswunsch nicht wahrnehmen und unterdrücken zu wollen. Vor überstürztem und unüberlegten Handeln. Auch lebenswichtige Strukturen im Eifer des Gefechts niederreißen zu wollen.

Prinzip: Uranus.

Gefängnis

(Siehe auch Ausbruch, Freiheitsdrang)

Entsprechung: Die Bewegungsfreiheit und die eigene Unabhängigkeit sind bei einem Gefängnisaufenthalt stark eingeschränkt. Der Verlust der Freiheit wird einem schmerzlich bewusst gemacht. Den am Ort vorhandenen Strukturen und Regeln ist man fast ohnmächtig ausgesetzt.

Aufgabe: Prüfen Sie, welche Freiräume Sie bei Ihren Mitmenschen verletzt haben. Haben Sie die Grenzen Ihres Umfeldes beachtet oder haben Sie sie mit Füßen getreten? Erkennen Sie Ihre notwendigen Freiheiten und die anderer Personen an.

Warnung: Den Freiraum, den man sich selbst gibt, anderen nicht zugestehen zu wollen. Das Gut der persönlichen Freiheit zu unterschätzen.

Prinzip: Saturn/Uranus.

Gefühlsausbruch

(Siehe Ausbruch)

Geiz

Entsprechung: Den materiellen Besitztümern kommt eine übersteigerte Aufmerksamkeit zu. Mit Hilfe des Zusammenraffens von Vermögen soll eine scheinbare sichere Existenz geschaffen werden. Es herrscht ein krasses Ungleichgewicht zwischen materiellem und geistigem Gut, zwischen Empfangen und Geben.

Aufgabe: Machen Sie sich klar, wofür das Vermögen als Ersatzbefriedigung auftritt. Versuchen Sie, diese Defizite, meist auf der geistig-seelischen Ebene, aufzulösen. Stellen Sie das Gleichgewicht wieder her. Schenken Sie, ohne Dankbarkeit von seiten Ihrer Umwelt zu erwarten. Richten Sie Ihr Augenmerk auch auf geistige Belange aus. Ändern Sie Ihre Einstellung bzgl. materiellem und geistigem Besitz. Werden Sie nicht Opfer Ihrer Habgier.

Warnung: Sklave des eigenen, materiellen Vermögens zu werden. Existenzängste nicht zu lösen, sondern ständig zu unterdrücken. Geistig-ideelle Werte unter die der Materie zu stellen.

Prinzip: Saturn.

Geldgewinn
(Siehe Gewinn)

Geldmangel
(Siehe Finanzkrise)

Gerichtsprozess
(Siehe auch Rechtsschwierigkeiten, Urteil)

Entsprechung: Der Gerichtsprozess ist ein Vorgang der über einen längeren Zeitraum geht und uns in der eigenen Freiheit einschränkt, sogar wenn wir selbst die klagende Partei sind. Das anschließende Urteil kann uns in der persönlichen Ausdehnung einengen.
Das Ereignis selbst kann sehr unterschiedliche Ursachen haben. Sei es, dass wir selbst gegen bestehende Regeln verstoßen haben oder Opfer von anderen geworden sind. Trotz alledem dürfen wir nicht vergessen, dass wir das Ereignis herbeigeführt haben und die Folgen tragen müssen. Das verlangt eine gehörige Portion Selbstkritik und Einsicht. Keineswegs soll ein mögliches Fehlverhalten des Prozessgegners entschuldigt werden.
Letztlich steht der Prozess immer in Verbindung mit persönlicher Freiheit und Ausdehnung.

Aufgabe: Machen Sie sich bewusst, aus welchem Grunde es zu diesem Prozess gekommen ist. Suchen Sie Ursachen nicht nur bei anderen, sondern auch bei sich selbst. Ziehen Sie, egal ob das Urteil für Sie positiv oder negativ ausfällt, Ihre ganz individuellen Konsequenzen und Einsichten.

Warnung: Sich in der Rolle des völlig unschuldigen Opfer zu sehen und sich dabei wohl zu fühlen. Keine positiven Erkenntnisse aus dem gesamten Vorgang ziehen zu können.

Prinzip: Jupiter.

Gewalt

Entsprechung: Wendet jemand Gewalt gegenüber anderen Lebewesen an, so hat dies in erster Linie mit Macht bzw. für das Opfer mit Ohnmacht zu tun. Höhere Gewalt bezieht sich in der Regel auf ein Kollektiv, während Gewalttätigkeiten, im Sinne von Verletzungen der Person, ein Individuum betreffen.
Die Ausübung von Gewalt oder die Tatsache, selbst Opfer zu werden, hat natürlich die unterschiedlichsten Ursachen. Und doch spielt das von den Betroffenen nicht gelöste Thema Macht die entscheidende Rolle.

Aufgabe: Prüfen Sie Ihren Standpunkt zu Macht und Ohnmacht. In welchen Bereichen üben Sie Macht auf andere aus oder lassen Sie sich von Ihren Mitmenschen beherrschen? Stellen Sie die Balance her.

Warnung: Mit einer extremen, einseitigen Machtausübung oder Ohnmacht die kosmischen Gesetze zu verletzen.

Prinzip: Mars/Pluto.

Gewinn

(Siehe auch Lotteriegewinn)

Entsprechung: Bilanztechnisch ergibt sich der Gewinn aus der Summe von Ertrag und Aufwand. Haben wir mehr geleistet als ausgegeben, kommt es zu einem positiven Ergebnis. Der Gewinn ist also nicht ein *zufälliges* Geschenk, sondern das Resultat unserer Anstrengungen. Er braucht nicht unbedingt materieller Natur zu sein. Je nach den individuellen Bedürfnissen kann der Gewinn in völlig unterschiedlicher Form ausfallen. Für den einen mag es ein Kennenlernen eines geistigen Führers sein, für den anderen eine lang ersehnte Beförderung im Beruf.
Zuweilen ist der offensichtliche Gewinn überhaupt keiner, vielmehr eine Art Kredit. Sie erhalten z. B. plötzlich eine Menge Geld und müssen unter Beweis stellen, dass Sie den Ausgleich zwischen Geben und Empfangen schaffen. Gelingt es Ihnen nicht, verlieren Sie relativ schnell Ihr gewonnenes Vermögen.

Auch kann sich ein vermeintlicher Gewinn im nachhinein als Prüfung und Belastung zeigen. Sie geraten mit Ihrem Partner, mit Verwandten oder mit Kollegen in Streit. Ihre Mitmenschen fordern ihren Anteil an Ihrem Gewinn ein.
In der Bilanz ist der Gewinn die ausgleichende Größe zwischen Vermögen und Schulden. Denken Sie daran und finden Sie den Ausgleich.

Aufgabe: Überlegen Sie genau, was der Gewinn für Sie bedeutet. Stellt er eine Belohnung und/oder eine Forderung dar? Haben Sie die nötige Gegenleistung bereits erbracht oder müssen Sie sie noch erbringen? Lassen Sie Ihre Mitmenschen am Gewinn teilhaben. Prüfen Sie, ob Ihre persönliche Bilanz ausgewogen ist.

Warnung: Sehen Sie den Gewinn nie als *zufälliges* Geschenk an. Er betrifft Sie ganz persönlich. Nehmen Sie sich nicht mehr als Ihnen zusteht.

Prinzip: Sonne/Jupiter.

Gewitter

(Siehe auch Auseinandersetzung)

Entsprechung: Bei einem Gewitter geht es um eine plötzliche Entladung. Die bisherige Spannung wird aufgelöst und es kommt zu einem Ausgleich. Das Gewitter, egal ob damit die Auseinandersetzung mit dem Chef oder mit dem Partner gemeint ist, hat immer eine reinigende Wirkung. Das Ereignis bietet einen guten Zeitpunkt, gegenseitige Spannungen zu überbrücken und Frieden zu schließen.

Aufgabe: Nehmen Sie das Gewitter als geeignete Gelegenheit, mit den Betroffenen einen Ausgleich zu finden. Söhnen Sie sich aus.

Warnung: Nie Frieden zu schließen und ewig zu streiten.

Prinzip: Venus/Uranus.

Glücksspiel

(Siehe Lotteriegewinn, Spekulation)

Harmonie
(Siehe auch Auseinandersetzung)

Entsprechung: Einer der größten Fehler, den man machen kann, ist es, des lieben Friedens willen einer Auseinandersetzung aus dem Weg zu gehen und zu glauben, es wird sich schon alles richten. Das eigentliche Problem ist damit nur auf unbestimmte Zeit verschoben. Die Spannungen nehmen immer mehr zu, bis sie plötzlich und energisch ausbrechen und an die Oberfläche gelangen. Aufgestaute Aggressionen vergiften das Klima so sehr, dass vielleicht ein harmonischer Zustand in weite Ferne gerückt ist.
Um Harmonie herzustellen, dürfen wir Konflikten nicht ausweichen, sondern müssen uns ihnen stellen. Sie haben dann die Funktion eines reinigenden Gewitters, das nach einem heftigen Unwetter Frieden einkehren läßt.

Aufgabe: Tragen Sie Konflikte bewusst und fair aus. Sehen Sie Harmonie nicht als dauerhaften Zustand, sondern als ein Ergebnis, das man sich immer aufs Neue erkämpfen muss.

Warnung: Auseinandersetzungen aus dem Weg gehen zu wollen.

Prinzip: Venus.

Hass
(Siehe Rache)

Hausbau
(Siehe auch Hauskauf)

Entsprechung: Der Bau eines Eigenheimes ist eng verbunden mit dem Begriff Heimat. Gelingt es uns, ein gemütliches Zuhause zu schaffen, fühlen wir uns geborgen und beschützt. Wir können leicht Wurzeln schlagen, und das sichere Fundament, auf dem das Heim steht, ermöglicht es uns, die eigene Individualität und Persönlichkeit zu erleben und auszudehnen.
Schwierigkeiten während der Bauphase können uns Defizite innerhalb der Familie aufzeigen bzw. unser krampfhaftes Bemühen, eine sichere Basis aufzubauen.

Aufgabe: Planen und beobachten Sie genau den Bau und Fortschritt Ihres Hauses. Bei welchen Stufen ergeben sich Hemmnisse oder überraschende Erfolge? Beziehen Sie die gewonnenen Erkenntnisse auf Ihre Familie. Erkennen Sie die Parallelen und versuchen Sie evtl. auftauchende Probleme mit Familienmitgliedern zu lösen. Passt die angestrebte Traumwohnung auf Sie und Ihre Familie? - Bauen Sie Ihr Zuhause auf ein Fundament, das Ihnen entspricht!

Warnung: Das Haus nicht als Heim, sondern als Prestigeobjekt zu missbrauchen. Persönliche Belange und Gefühle in den Hausbau nicht einfließen zu lassen.

Prinzip: Mond/Saturn.

Hauskauf

(Siehe auch Hausbau)

Entsprechung: Der Wunsch, ein Haus zu erwerben, bildet einen engen Zusammenhang mit dem Ziel, seine Persönlichkeit auszudehnen und eine adäquate Heimat für sich und seine Familie zu finden. Im Gegensatz zum Hausbau, der sich in der Regel über einen längeren Zeitraum erstreckt, liegt der Kaufentscheidung ein kürzerer Prozess zu Grunde. Die Suche nach dem geeigneten Haus, das den individuellen Bedürfnissen gerecht wird, kann natürlich auch eine wesentlich längere Zeit in Anspruch nehmen.
Beim Hauskauf ist es wichtig, auch scheinbar unbedeutenden Randerscheinungen einen Wert beizumessen. Das kann z. B. bereits das unpünktliche Eintreffen des Maklers sein. Lassen Sie den gesamten Werdegang des Hauskaufs Revue passieren, bevor Sie eine Entscheidung treffen. Was ist Ihnen oder Ihren Familienmitgliedern aufgefallen?

Aufgabe: Hören Sie auf Ihre innere Stimme. Löst der beabsichtigte Hauserwerb bei Ihnen positive oder negative Gefühle aus? Spüren Sie Zweifel, gehen Sie die bisherigen Ereignisse nochmals aufmerksam durch. Stellen Sie sich die Frage, ob Sie mit dem Erwerb Ihren persönlichen Zielen näher kommen. Geben Sie sich eine ehrliche Antwort.

Warnung: Verrennen Sie sich nicht in eine fixe Vorstellung. Handeln Sie nicht auf den Druck von anderen hin.

Prinzip: Mond/Jupiter.

Herrschsucht

Entsprechung: Aufgebaute Strukturen, die ursprünglich chaotische Zustände verhindern sollten, wirken sich zunehmend nachteilig aus. Der betreffende Mensch versucht, diese Strukturen, ihre aufgestellten Regeln, anderen aufzudrücken, dabei wird auch vor Einschüchterung und Gewalt nicht Halt gemacht. Die richtige Einschätzung, welche Rahmenbedingungen sinnvoll sind und für wen, ist verloren gegangen. Ein selbstgerechtes implementiertes Machtinstrumentarium drängt die Mitmenschen in eine festgelegte Richtung, oft getarnt und begründet durch Sicherheitsmotive.

Aufgabe: Lösen Sie Strukturen auf, die keinen Inhalt mehr besitzen und lediglich der Aufrechterhaltung des eigenen Systems dienen. Sind Sie selbst einem Herrscher ausgeliefert, sollten Sie sich nicht durch scheinbar logische Sicherheitsmotive einschüchtern lassen.

Warnung: Durch das eigene System erstarren, nicht mehr leben. Gefühlskälte und Rücksichtslosigkeit ausstrahlen.

Prinzip: Sonne/Pluto und Saturn/Pluto.

Hindernis

Entsprechung: Wieso erfahren wir Hemmnisse durch Ereignisse in unserem Umfeld? - Hindernisse und Widerstände zwingen uns zu hohen Energieeinsätzen, die wir ansonsten nicht freiwillig leisten würden. So gesehen stellen sie wichtige Impulse dar, die uns zum Umdenken und Handeln mehr oder weniger zwingen.
Je weniger Eigeninitiative wir an den Tag legen, umso höher türmen sich Hindernisse auf. Sogar wenn wir neue Projekte starten, also Dynamik zeigen, erhalten wir Hemmnisse, um indirekt unsere Motivation und unseren Willen zu stärken. Sie testen unser Durchhaltevermögen und prüfen, ob wir es ernst meinen mit unserem Vorha-

ben. Generell gilt, je überzeugter und konsequenter wir unsere Ziele verfolgen, umso eher werden wir aufkommende Schwierigkeiten aus dem Weg räumen können.

Aufgabe: Hindernisse fordern uns auf, endlich aktiv zu werden. Sie wollen uns auf bestimmte Themen aufmerksam machen, denen wir möglicherweise keine Beachtung geschenkt haben. Setzen Sie sich unbedingt mit diesen Themen auseinander. Benützen Sie die vier Elemente, z. B. auf der Wasserebene Kreativität und Fantasie, um Hindernisse zu überwinden.

Warnung: Vor zu schnellem Aufgeben, vor frühzeitiger Resignation. Eine Gefahr liegt auch im ungestümen Vorwärtspreschen, als bremsende und ausgleichende Wirkung erhalten wir dann prompt Hindernisse.

Prinzip: Mars/Saturn.

Hintergehung

(Siehe Intrige, Täuschung)

Illusion

(Siehe auch Flucht)

Entsprechung: Sich an falsche Hoffnungen klammern. Illusion unterscheidet sich von der Fantasie. Sie bedeutet, dass ein ganz bestimmter Zustand erreicht oder aufrechterhalten bleiben soll, ohne besondere Rücksicht auf die Belange der Mitmenschen zu nehmen. Im Gegensatz zur Fantasie sind wir in unseren Vorstellungen festgelegt und nicht mehr offen. Wir können einen Wunschzustand nicht erzwingen, vielmehr müssen wir im Lebensfluss sein. Zerplatzt die Illusion, findet sich der Betreffende in der "harten" Realität nur schwer zurecht.

Aufgabe: Lassen Sie fließen, was fließen soll. Vermeiden Sie, eine eigene Scheinwelt aufzubauen.

Warnung: Versuchen Sie, sich nicht gegen den Lebensfluss aufzulehnen. Flüchten Sie nicht vor der Realität, sondern setzen Sie sich mit ihr auseinander.

Prinzip: Saturn/Neptun.

Intrige

Entsprechung: Ehrlichkeit und Offenheit sind der Gegenpol der Intrige, bei der es um hinterhältige Machenschaften und Verleumdungen geht. Es spielt keine Rolle, ob Sie selbst Opfer oder Intrigant sind, die Themen bleiben immer die gleichen. Beiden Parteien fällt es schwer, offen den Kampf gegen den anderen aufzunehmen, die Verantwortung für die Auseinandersetzung zu tragen.

Aufgabe: Prüfen Sie, in welchen Bereichen Sie nicht ehrlich und offen handeln. Das braucht nicht zwangsläufig auf dem Gebiet geschehen, in der die Intrige stattfindet. Überlegen Sie, ob Sie Ihre eigene Aggressivität evtl. verleugnen, Streitigkeiten eher aus dem Weg gehen.
Sobald Sie Ihre Einstellung und Ihr Handeln entsprechend ändern, löst sich die Intrige als Folge auf.

Warnung: Auseinandersetzungen nur versteckt lösen zu wollen. Sich nicht trauen, für die eigenen Belange offen und ehrlich einzutreten.

Prinzip: Mars/Neptun.

Isolation

Entsprechung: Von Zeit zu Zeit kann es wichtig sein, sich in die Einsamkeit zurückzuziehen und über den Sinn des Lebens, über die erreichten und noch ausstehenden Lebensziele nachzudenken. Solange die Zurückgezogenheit dazu dient, Erkenntnis und Erleuchtung zu finden, hat sie einen freiwilligen, positiven Charakter. Die Einsamkeit gleicht dann einer Reifezeit, in der wir nach Weisheit und Unabhängigkeit streben.

Betreiben wir dagegen eine Realitätsflucht, ziehen uns ängstlich oder trotzig aus dem Alltagsleben zurück, sprechen wir von Isolation. Der Begriff hat für uns einen eher negativen Charakter. Selbst wenn diese Isolation von außen her uns aufgedrückt wird, sollten wir nicht vergessen, dass wir letztlich selbst durch unser bisheriges Handeln und Denken dafür verantwortlich sind.

Aufgabe: Verharren Sie nicht in der Isolation, sondern bewegen Sie sich auf Ihre Umwelt zu. Nützen Sie Phasen der Einsamkeit, indem Sie innere Einkehr halten und über Ihr bisheriges Leben Bilanz ziehen. Verurteilen Sie eine Zwangspause nicht als schreckliches, *zufälliges* Ereignis, sondern erkennen Sie den darin verborgenen Sinn und leiten Sie daraus Vorteile ab.

Warnung: Sich aus dem Leben zu verabschieden und mit Hilfe der Isolation seinen Problemen und Aufgaben entfliehen zu wollen.

Prinzip: Saturn/Uranus (Einkehr) bzw. Saturn/Neptun (Weltflucht).

Kauf

(Siehe auch Hauskauf)

Entsprechung: Beim Kauf erwerben Sie eine Sache oder eine Dienstleistung, die Ihnen einen Nutzen verspricht. Darüber hinaus übt der Kauf eine weitere Funktion aus, er ist das Symbol für ein bestimmtes Thema. Je wichtiger Ihnen der Kauf erscheint, umso stärker tritt das damit verbundene Thema in den Vordergrund.
Mit einem Autokauf z. B. verbinden Sie nicht nur die Fortbewegungsmöglichkeit, sondern vielleicht einen Prestige- oder Profilierungswunsch. Die Autoindustrie spricht in diesem Fall von dem Zusatznutzen und weiß, welchen Kunden sie im Markt wie ansprechen muss. Bei unserer Betrachtungsweise spielt aber das dahinter liegende Thema die Hauptrolle. Prestige hat viel mit Selbstbewusstsein, mit Machtstreben, mit Selbstdarstellung der eigenen Person zu tun.
Mögliche Defizite auf diesen Gebieten versuchen wir vielleicht mit dem Kauf bestimmter Güter zu kaschieren. Es geht nicht darum, Konsum oder Luxus zu verteufeln und als schlecht abzutun, vielmehr die Sensibilität für die Beweggründe des Kaufs zu schärfen und das jeweilige Thema uns ins Bewusstsein zu rufen. Sind wir uns

im Klaren darüber, weshalb wir die Anschaffung tätigen, können wir zielstrebiger und erfolgreicher handeln.
Beim Kauf ist es natürlich auch wichtig, auf die innere Stimme zu horchen. Verspüren Sie ein ungutes Gefühl oder tauchen Schwierigkeiten beim Erwerb auf, sollten Sie analysieren, welches Thema bei Ihnen angesprochen wird und wie Sie zu diesem stehen.

Aufgabe: Machen Sie sich das jeweilige Thema bewusst. Wofür ist der Kauf eine Art Symbol? Betrachten Sie aufmerksam die auftretenden Begleitumstände.

Warnung: Sich der Materie willenlos auszuliefern. Den Beweggründen des Kaufs nicht nachzugehen.

Prinzip: Jupiter.

Kinderlosigkeit

Entsprechung: In der Astrologie werden Kinder dem fünften Haus zugeordnet und dessen Herrscher ist die Sonne. Diese wiederum steht für den Zeugungs- und Lebenswillen des Menschen. Zusammen mit dem weiblichen Pol, symbolisiert durch den Mond, der Fruchtbarkeit und Aufnahmebereitschaft verkörpert, ergibt sich die Vereinigung zwischen Mann und Frau.
Als Folge muss bei der Kinderlosigkeit einerseits die Lebenskraft und Unabhängigkeit untersucht werden, andererseits die Gefühlsbereitschaft beider Partner. Liegt z. B. eine starke Fixierung auf das erwünschte Kind vor, werden die eigene Person und deren Ziele nicht mehr wahrgenommen. Wir verstoßen in diesem Fall gegen das Sonne-Prinzip. Sind wir gefühlsmäßig überhaupt nicht für einen Nachwuchs bereit, erfüllen wir nicht im genügenden Maße das Mond-Prinzip. In beiden Fällen ist das Gleichgewicht zwischen Sonne und Mond, zwischen männlichem und weiblichem Prinzip gestört.

Aufgabe: Stellen Sie ein ausgewogenes Verhältnis her. Prüfen Sie, ob Sie gefühlsmäßig für den Nachwuchs bereit sind. Ist Ihre eigene Person autark geblieben oder haben Sie sie zu sehr verleugnet? Stellen Sie ggf. Ihre Unabhängigkeit wieder her. Rufen Sie sich Ihre eigenen Lebensziele ins Bewusstsein. Leben Sie Ihr Leben.

Warnung: Geben Sie Ihrem Partner nicht die Schuld und verweilen Sie selbst nicht in Resignation und Apathie. Vor ständiger Fixierung.

Prinzip: Sonne/Mond.

Kommunikationsstörungen

Entsprechung: Bei Kontakten mit der Umwelt treten Schwierigkeiten auf. Zum einen in Form von Störungen bei Arbeitsmitteln, die eng mit dem Kommunikationsbereich verbunden sind, wie Computer, Telefon usw., zum anderen, indem Personen nicht erreichbar sind. Als Folge müssen wir uns anderer Wege der Kommunikationsmitteilung bedienen, unsere Kreativität wird also im besonderen Maße angeregt.
Bei Kommunikationsstörungen geht es darum, sich Gedanken über den Austausch mit anderen zu machen. Wie trete ich mit meiner Umwelt in Kontakt? - Ist man offen, verletzend, sachlich, gefühlskalt etc. Welche Verbindungswege stehen uns zur Verfügung, welche haben wir vielleicht außer Acht gelassen?
Ein wichtiger Hinweis ist natürlich auch, wo und bei welchen Menschen, mit denen wir kommunizieren wollen, Hemmnisse auftreten.

Aufgabe: Bringen Sie die Kommunikationsstörungen mit Ihren Möglichkeiten des Austauschs in Zusammenhang. Betrachten Sie die Begleitumstände, wo, wie und bei welchen Gelegenheiten die Schwierigkeiten auftauchen. Ändern Sie ggf. Ihre Verbindungswege und Ihre Kommunikation. Analysieren Sie, welches spezielle Thema sich hinter der Störung verbirgt.

Warnung: Mit alten, überholten Mitteln das Kommunikationshindernis überwinden zu wollen. Nur rationale Gesichtspunkte bei der Problembewältigung zu berücksichtigen.

Prinzip: Merkur.

Konflikt

(Siehe Autoritätskonflikt)

Konkurrenz

(Siehe auch Machtkämpfe, Wettkampf)

Entsprechung: Die Konkurrenz gleicht einem Wettkampf. Jeder will den anderen besiegen oder sich zumindest Vorteile gegenüber dem Konkurrenten verschaffen. Eine gesunde Auseinandersetzung und ein fair geführter Wettstreit kann für alle Beteiligten wichtige Erfahrungen und Gewinne mit sich bringen. Nicht umsonst gibt es die Redewendung "Konkurrenz belebt das Geschäft".
Kritisch wird es, wenn wir aus der Konkurrenzsituation heraus zu unlauteren Mitteln greifen. Nach den kosmischen Gesetzen dürfen wir andere nicht schädigen. Ansonsten wird uns die Korrektur früher oder später einholen.
Anderseits dürfen wir uns auch nicht von unserem rechtmäßigen Platz verdrängen lassen. Es gilt, Widerstand zu leisten und die eigenen Rechte zu verteidigen. Konkurrenz steht in enger Verbindung zu Kampf, Durchsetzung, Neid.

Aufgabe: Lassen Sie sich nicht zu unfairen Handlungen hinreißen. Sehen Sie die Konkurrenz als belebendes Ereignis, von dem Sie letztendlich profitieren werden. Prüfen Sie, ob Sie Neidgefühle entwickelt haben und wie Sie diese verarbeiten. Treten Sie für Ihre Belange ein, nehmen Sie Ihre Kreativität zu Hilfe, ändern Sie überholte Strukturen.

Warnung: Die Konkurrenzsituation als ungerechtfertigten Schicksalsschlag zu empfinden. Sich von seinem angestammten Platz vertreiben lassen.

Prinzip: Mars.

Konzentrationsproblem

Entsprechung: Es fällt einem schwer, sich auf das Wesentliche zu besinnen. Machen Sie sich bewusst, welche Ziele Sie in Ihrem Leben verfolgen. Lassen Sie sich von Nebensächlichkeiten oder von anderen Personen nicht ablenken. Konzentrieren Sie sich auf das, was Ihnen wichtig ist.
Konzentrationsprobleme können sich auch ergeben, weil man sich mit Dingen beschäftigen muss, die einen nicht wirklich berühren,

mit denen man sich nicht identifizieren kann. Bei Wissensgebieten, die uns interessieren, tauchen mit Sicherheit keinerlei Konzentrationsschwierigkeiten auf.

Aufgabe: Gehen Sie in sich und klären Sie, welche Themen Ihnen am Herzen liegen. Widmen Sie sich Ihren eigentlichen Zielen, lassen sich durch nichts und niemanden davon ablenken.

Warnung: Sich in Nebensächlichkeiten zu verlieren. Durch die Vielzahl den Überblick einzubüßen.

Prinzip: Saturn.

Krankheit

Entsprechung: Die Krankheit dient dazu, wie jedes andere Ereignis auch, uns einen Fingerzeig zu geben, welche Themen wir stärker berücksichtigen müssen. Durch die Art und Verlaufsform der Krankheit können wir Rückschlüsse ziehen, in welchen Bereichen wir für Balance sorgen müssen. Herzprobleme fordern uns z. B. auf, unser Herz zu öffnen und Mitgefühl zu zeigen. Widmen wir uns diesen Themen und damit der eigentlichen Ursache, können wir die Krankheit überwinden bzw. mit ihr leben.

Aufgabe: Zeigen Sie sich für Ihre Krankheit selbst verantwortlich. Forschen Sie nach den ursächlichen Themen, die hinter der Krankheit verborgen sind. Bringen Sie diese ins Gleichgewicht.

Warnung: Die Krankheit als *zufälliger* Schicksalsschlag zu erleben, sie mit der eigenen Person nicht in Verbindung bringen zu wollen.

Prinzip: Sonne.

Krise
(Siehe auch Berufskrise, Finanzkrise)

Entsprechung: Eine Krise stellt einen Übergang dar. Wir wollen einen überholten Zustand aufgeben, wissen aber noch nicht, wie sich die neue Situation entwickelt, wohin sie führt. Die gegenwärtig herrschende Unsicherheit verwirrt uns möglicherweise, unsere Geduld wird auf die Probe gestellt. Auf unsere Umgebung machen wir in dieser Phase vielleicht einen gereizten, unentschlossenen Eindruck.

Aufgabe: Sich den Änderungen stellen. Strukturen, die ihren Sinn verloren haben, auflösen und neue implementieren.

Warnung: Nicht am Status quo mit allen verfügbaren Mitteln festhalten zu wollen.

Prinzip: Pluto.

Kündigung

(Siehe auch Trennung)

Entsprechung: Dieses Ereignis ist die Beendigung eines bestimmten Zyklus. Egal, ob wir selbst die Kündigung ausgesprochen haben oder ob sie uns aufgezwungen worden ist. In den wenigsten Fällen macht es Sinn, den Abschluss zu ignorieren und auf ein Fortbestehen des Arbeitsverhältnisses bzw. des alten Zustandes zu bestehen. Die neue Struktur ist meist stärker.
Besser wir akzeptieren die Entscheidung und analysieren, wie es dazu gekommen ist. Was war die Ursache für die Trennung? Welche Fehler sind uns unterlaufen? Was gelang uns gut? Wenn wir uns darüber im Klaren sind, haben wir einen wesentlichen Beitrag zur Lösung von Defiziten bereits geleistet. Der weitere Schritt besteht darin, in einer neuen (Geschäfts-)Beziehung die gewonnenen Erkenntnisse umzusetzen. Als Folge können wir einem evtl. bestehenden Teufelskreis entrinnen.

Aufgabe: Erkennen Sie die Chancen, die eine Kündigung mit sich bringt. Gehen Sie den Ursachen auf den Grund, setzen Sie sich mit den entsprechenden Themen auseinander. Bewältigen Sie evtl. Defizite und handeln Sie. Finden Sie den notwendigen Abschluss und beginnen Sie von vorne. Bleiben Sie unbedingt aktiv.

Warnung: Die eigene Verantwortung abzugeben. In Lethargie oder Resignation zu verfallen.

Prinzip: Saturn/Uranus.

Kursgewinn
(Siehe auch Gewinn)

Entsprechung: Beim Kursgewinn verfolgen wir eine bestimmte Richtung. Unsere Intuition, im entscheidenden Augenblick die eingeschlagene Richtung zu ändern, zu kaufen oder zu verkaufen, entscheidet über Gewinn oder Verlust.
Beim Spekulieren an der Börse ist nicht nur auf den Ausgleich zwischen Geben und Nehmen zu achten, sondern auch auf die Balance zwischen Sicherheit und Risiko. Folgen wir nur einem Pol, verfallen wir also in ein Extrem, zieht das negative Konsequenzen nach sich. Die Schnelligkeit und Unberechenbarkeit spielen eine wichtige Rolle.

Aufgabe: Intuitives Erahnen und rasches Handeln ist gefragt. Bringen Sie Sicherheitsdenken und Risikobereitschaft in Einklang.

Warnung: Das Geben zu vernachlässigen.

Prinzip: Jupiter/Uranus.

Kursverlust
(Siehe Kursgewinn, Verlust)

Lethargie
(Siehe auch Isolation)

Entsprechung: Bei der Lethargie haben wir uns zu weit von unseren Zielen und Aufgaben entfernt. Es herrscht eine Interesselosigkeit vor, die es zu durchbrechen gilt.

Aufgabe: Überlegen Sie sorgfältig, was Ihnen im Leben von Bedeutung ist. Widmen Sie sich Ihren ureigensten Zielen wieder.

Warnung: Sich durch äußere Umstände oder Personen von seinen Zielen zu entfernen. Vor Entfremdung und Fremdbestimmung.

Prinzip: Mond/Neptun.

Liebesentzug

(Siehe auch Erpressung)

Entsprechung: Mit Hilfe dieses Druckmittels will man seinen Willen beim Partner durchsetzen. Dies kann von Gefühlskälte und stummer Verachtung bis hin zu sexueller Versagung reichen. In allen Fällen nutzt man die starke gefühlsmäßige Bindung des Partners zu der eigenen Person aus. Ob echte Liebe in der Zweierbeziehung überhaupt vorliegt, erscheint zweifelhaft.

Aufgabe: Bewahren Sie Ihre Unabhängigkeit. Nur wenn Sie selbst autark bleiben, können Sie eine partnerschaftliche Beziehung eingehen, in der jeder Partner seinen Freiraum besitzt. Zeigen Sie notfalls dem anderen Ihre Grenzen auf.

Warnung: Die gefühlsmäßige Verbundenheit als Druckmittel auszunutzen. In Abhängigkeiten zu geraten.

Prinzip: Venus/Mars und Uranus.

Lotteriegewinn

(Siehe auch Gewinn)

Entsprechung: Bei diesem Ereignis kommt es im Wesentlichen darauf an, das Gleichgewicht zwischen Geben und Nehmen einzuhalten. Will man einen Lotteriegewinn anziehen, muss man klare Vorstellungen besitzen, was man mit dem Geld anfangen will und welche Gegenleistung man zu erbringen bereit ist.
Denken Sie daran, dass es keine Zufälle gibt. Den Gewinn müssen Sie sich verdienen. Entweder vor oder nach dem Ereignis.

Aufgabe: Berücksichtigen Sie die Balance zwischen Geben und Nehmen. Bringen Sie die Gegenleistung und denken Sie auch an Ihre Pflichten.

Warnung: Die eigenen Pflichten zu vergessen und damit ein Ungleichgewicht hervorzurufen.

Prinzip: Jupiter/Uranus.

Machtkämpfe
(Siehe auch Konkurrenz)

Entsprechung: Macht zu haben ist eine Illusion. Verglichen mit der Allmacht Gottes und dem Universum sind selbst die Präsidenten der mächtigsten Nationen lediglich ein unbedeutendes Sandkorn. Mit dem Tod auf Erden erlischt unsere irdische Macht. Vergessen wir dies nicht, wenn es darum geht, unerbittliche Machtkämpfe mit anderen führen zu wollen.

Aufgabe: Einerseits sollten wir für die eigenen Belange kämpfen und uns nicht von unserem rechtmäßigen Platz verdrängen lassen. Nehmen wir den Raum ein, der uns zusteht. Andererseits sollten wir uns davor hüten, andere beherrschen oder demütigen zu wollen. Sie mit unseren Ideen und Meinungen vollzustopfen. Haben wir unser Ziel erreicht, sollten wir die Hand zur Versöhnung ausstrecken. Auch in der Auseinandersetzung sollten wir das richtige Augenmaß nicht verlieren. Prüfen Sie, ob Angriff und Verteidigung bei Ihnen im ausgeglichenen Verhältnis zueinander stehen.

Warnung: Kampf um des bloßen Kampfes willen. Die eigenen Defizite am anderen ausleben zu wollen.

Prinzip: Mars/Pluto.

Mangel
(Siehe Armut)

Misserfolg
(Siehe Fehlschlag)

Mobbing
(Siehe auch Machtkämpfe, Ohnmacht)

Entsprechung: Mehr oder weniger hilflos scheinen Sie einer Situation am Arbeitsplatz ausgeliefert zu sein. Aus irgendeinem Grund haben Sie Hemmungen, Ihre Rechte einzufordern und Ihre Belange zu verteidigen. Sobald Sie sich dagegen massiv zur Wehr setzen, ändert sich die Lage zu Ihren Gunsten. Selbst eine Kündigung kann letztlich der Anfang einer neuen Karriere für Sie sein.

Aufgabe: Zögern Sie nicht länger und treten Sie für Ihre Interessen ein. Wischen Sie Ängste und Sicherheitsüberlegungen weg und kämpfen Sie!

Warnung: Sich etwas vorzumachen und zu hoffen, das Ganze aussitzen zu können. Mitleid oder Hilfe bei anderen zu suchen und selbst nichts tun zu wollen.

Prinzip: Mars/Neptun.

Neuanfang

(Siehe auch Krise)

Entsprechung: Ein Neubeginn kann erst eintreten, wenn etwas Altes gestorben ist. Z. B. müssen wir bisherige, überholte Strukturen und Einstellungen aufgeben, wenn wir etwas wirklich Neues schaffen wollen. Ansonsten laufen wir Gefahr, das eigentliche Problem nur auf eine andere Ebene zu übertragen. Dem Neuanfang geht in der Regel eine Krise voraus, in der wir nicht genau wissen, wie ein möglicher Neubeginn aussehen soll, aber wir unbedingt den alten, bisherigen Zustand auflösen wollen.

Aufgabe: Schreiten Sie mutig voran. Handeln Sie intuitiv und, falls nötig, mit rascher Entschlossenheit. Leiten Sie den Neuanfang nicht nur auf der irdischen Ebene ein, sondern vor allem in Ihrem Geiste und in Ihrem Herzen. Lösen Sie sich von überholten Denkstrukturen und Einstellungen. Schaffen Sie ein Klima des Neubeginns auf allen geistigen und irdischen Ebenen.

Warnung: Nicht mit letzter Konsequenz den Neuanfang durchzuziehen. In alten Strukturen weiterhin verhaftet zu sein. Zögerlich und ängstlich zu handeln.

Prinzip: Uranus/Pluto.

Niederlage

Entsprechung: Erleiden wir eine Niederlage, sind wir mit unseren eigenen Vorstellungen nicht durchgekommen. Trotzdem oder vielleicht gerade dadurch können wir eine Menge lernen und von dem Ereignis profitieren. Allerdings müssen wir uns hierzu kritisch betrachten. Wo und weshalb hat die Umgebung uns Grenzen aufgezeigt? Haben wir eventuell voreilig oder unüberlegt gehandelt? Haben wir die Interessen anderer ausreichend berücksichtigt?

Aufgabe: Gestehen Sie sich offen und möglichst unvoreingenommen die Niederlage ein und übernehmen Sie dafür die Verantwortung. Beurteilen Sie kritisch Ihre eigene Vorgehensweise auf allen vier Ebenen. Lernen Sie aus Ihren Fehlern und Schwächen, damit Sie diese überwinden und Niederlagen in Erfolge ummünzen können.

Warnung: Anderen die Schuld an der eigenen Niederlage zu geben. Nichts aus dem Misserfolg zu lernen und keine Änderung vornehmen zu wollen.

Prinzip: Sonne/Mars.

Ohnmacht

(Siehe auch Machtkämpfe)

Entsprechung: Einer Situation fassungslos und hilflos gegenüberstehen. Nicht mehr fähig sein, zu handeln, sich zu verteidigen. Als Reaktion darauf, sich von der Umgebung abzukapseln und in Ohnmacht zu fallen, in die eigene innere Welt abzutauchen.

Aufgabe: Stellen Sie sich der Außenwelt und beginnen Sie zu kämpfen. Versuchen Sie, selbst Macht auszuüben, indem Sie Ihre Rechte verteidigen und durchsetzen. Befreien Sie sich aus der Ohnmacht mit der Kraft Ihres Handelns.

Warnung: Vor Flucht in eine innere Scheinwelt. Andere über das eigene Schicksal bestimmen zu lassen.

Prinzip: Neptun/Pluto.

Operation

Entsprechung: Eine Operation ist meist die Folge eines Unfalls oder einer Krankheit. Der Eingriff in den menschlichen Körper stellt somit eine Art Steigerung dar und ist ein recht brutaler Vorgang, trotz aller medizinischer Notwendigkeit. Während der Operation sind wir zur Ohnmacht verdammt. Wir können weder eingreifen noch handeln. Die Situation weist also eine enge Verbindung zur Tatkraft, Durchsetzung usw. auf.

Aufgabe: Prüfen Sie, in welchen Bereichen Sie das Gleichgewicht zwischen Handeln und Abwarten verloren haben. Wo liegt Ihrerseits vielleicht ein Übereifer, eine Unduldsamkeit vor? Wo oder wann wenden Sie zu viel oder zu wenig Energie an? Sind Sie auf manchen Gebieten zu eigensinnig? Überlegen Sie gut und ändern Sie sich, wo es notwendig ist.

Warnung: Weiterhin zu handeln als ob nichts geschehen wäre. Die Operation losgelöst von der eigenen Person zu sehen.

Prinzip: Mars/Uranus.

Opfer

(Siehe auch Machtkämpfe, Ohnmacht)

Entsprechung: Vergessen Sie nicht, dass Sie Ihr Schicksal mit Ihrem Denken und Handeln selbst beeinflussen. Werden wir das Opfer von anderen, hat das auch immer etwas mit uns zu tun. Hier ist nicht eine eventuelle Verfehlung im Sinne von Provokation der Täter oder ähnliches gemeint, vielmehr dass wir den Nährboden in unserem Geiste vorbereiten. Dies soll keineswegs die Unrechtmäßigkeit der Täter entschuldigen. Die Verbrecher sollen nicht in Schutz genommen werden, sie erhalten Ihre gerechte Strafe früher oder später vom Kosmos.
Die Eigenverantwortung des Opfers dürfen wir aber nicht leugnen. Selbst wenn wir es mit unserem Verstand nicht begreifen können. Oftmals müssen wir als Erklärung die Reinkarnation zur Hilfe nehmen.
Die Gesichter der Opfer können sehr vielfältig sein, z. B. Opfer von Gewalt, von Intrigen, von Verleumdung usw.

Aufgabe: Versuchen Sie, eine Ursache zu finden. Setzen Sie sich mit dem Ereignis nicht nur vom Standpunkt des Opfers auseinander. Prüfen Sie Ihre Einstellung zu Gewalt und Macht. Analysieren Sie genau die Vorgänge, die vor und nach dem eigentlichen Ereignis lagen.

Warnung: Sich in der Opferrolle wohl zu fühlen, die Aufmerksamkeit und das Mitgefühl der Umwelt auszunutzen. Alle geistige Verantwortung von sich weisen.

Prinzip: Sonne/Pluto.

Ortswechsel

Entsprechung: Ein Umzug in eine andere Umgebung ist eine einschneidende Änderung eines bisherigen Zustandes. Sogar ein Wohnungs- oder Arbeitsplatzwechsel erfüllt diese Voraussetzung. Oft stellen wir Möbel um, räumen unser Zuhause auf und wissen eigentlich nicht warum. Irgendeine Kraft scheint uns anzutreiben. Das Umräumen oder das Verschönern des Heimes ist lediglich ein äußeres Zeichen.
Inhalt und Form müssen übereinstimmen. Das neue Zuhause und die Umgebung müssen zu Ihnen passen. Darüber dürfen Sie aber nicht vergessen, auf welchen Gebieten Sie wirklich eine Veränderung anstreben. Welche Strukturen sind überholt und müssen erneuert werden? Ist der Ortswechsel nur ein Symbol für einen ganz anderen anstehenden Wechsel?

Aufgabe: Suchen Sie ein Zuhause, das zu Ihnen passt. Überlegen Sie, welche Änderungen in Ihrem Leben zur Zeit vonnöten sind. Führen Sie diese durch.

Warnung: Lediglich die äußere Umgebung zu wechseln und notwendige, inhaltliche Änderungen zu vernachlässigen.

Prinzip: Uranus.

Passivität

(Siehe Ohnmacht)

Projekt

(Siehe Neuanfang)

Prüfung

Entsprechung: Wir werden gezwungen, uns mit einem bestimmten Thema auseinanderzusetzen. Dabei spielt es keine Rolle, ob es sich um einen Schultest oder um eine Lebensprüfung in Form eines Schicksalsschlags handelt. Eigenschaften wie Pflicht, Verantwortung, Geduld, Beharrlichkeit treten oftmals in den Vordergrund. Im Leben durchlaufen wir permanent Prüfungen, die uns auffordern, klare Standpunkte zu diesen oder jenen Themen zu beziehen. Somit stellen sie Kontrollpunkte dar, die uns zeigen, ob wir unseren Zielen näherkommen, ob wir uns von ihnen entfernen oder ob es Zeit ist, eine andere Richtung einzuschlagen.
Prüfungen sollten wir als günstige Gelegenheiten betrachten, Bilanz zu ziehen und notwendige Änderungen herbeizuführen. Prüfungs- oder Versagensängste sind Anzeichen, die Verantwortung für die eigenen Leistungen abzugeben bzw. die eigene Messlatte zu hoch zu setzen.

Aufgabe: Beobachten Sie aufmerksam den Prüfungsverlauf. Urteilen Sie selbst über Ihre geleisteten Ergebnisse. Seien Sie dabei kritisch, aber gehen Sie nicht zu hart mit sich ins Gericht. Leiten Sie daraus Änderungen ab und setzen Sie diese um.

Warnung: Prüfungen negativ und als überflüssig zu bewerten. Ergebnisse als willkürlich und ungerecht zu erleben. Sich dem Schicksal hilflos ausgeliefert zu fühlen.

Prinzip: Saturn.

Rache

Entsprechung: Die gesamte Kraft richtet sich nach dem vermeintlichen Verursacher unseres Pechs aus, ihn zur Rechenschaft zu ziehen und ihn zu bestrafen. Rachegefühle, die wir einem Mitmenschen gegenüber hegen, bauen eine starke emotionale Verbindung zwischen uns und dem Betroffenen auf. Hass als Antriebsmotor setzt ungeheure Energien frei. Sie lassen uns Dinge vollführen, zu denen wir im Normalfall nicht in der Lage wären, aber sie zerstören auch viele gute Gefühle in uns. Rache wirkt sich deshalb immer vernichtend aus, insbesondere auf die eigene Person.

Aufgabe: Überlassen Sie Bestrafungen dem Kosmos und versuchen Sie, mit sich ins Reine zu kommen. Lösen Sie die gefühlsmäßige Verbindung zu dem anderen Menschen auf.

Warnung: Rachegelüsten freien Lauf zu lassen und sich selbst damit zu schädigen.

Prinzip: Mars/Pluto.

Rauchen

Entsprechung: In der Werbung werden mit dem Rauchen sehr viele Hoffnungen und Wünsche geweckt, z. B. Abenteuerlust, erotische Anziehungskraft, Dynamik, Durchsetzungskraft und noch etliche mehr. Der Glimmstengel oder die Pfeife sind also Symbole für einige unserer Träume. Es ist nicht verwerflich zu rauchen, wenn wir einmal von den gesundheitlichen Schäden absehen, die wir uns selbst oder anderen zufügen, aber wir sollten uns bewusst sein, welche Ersatzbefriedigungen und Wünsche wir mit dem Rauchen bedienen. Gerade bei der Raucherentwöhnung ist es ein Vorteil, sich darüber im Klaren zu sein.

Aufgabe: Geben Sie Ihren Wünschen Raum, setzen Sie sich mit ihnen auseinander. Lüften Sie den Schleier um Ihre Person und Ihre Hoffnungen. Beziehen Sie klar Stellung.

Warnung: Etwas verschleiern zu wollen. Mehr Schein als Sein.

Prinzip: Neptun.

Rechtsschwierigkeiten

(Siehe auch Gerichtsprozess, Urteil)

Entsprechung: Konflikte mit Recht und Gesetz können darauf hinweisen, dass wir selbst die Rechte unserer Mitmenschen übersehen oder übergangen haben. Dies muss nicht unbedingt eine Rechtsübertretung im herkömmlichen Sinn sein, sondern vielleicht eine Verletzung der Gefühle des anderen. Auf unserem Weg der persönlichen Ausdehnung kann es leicht passieren, dass wir in unserer Euphorie die Belange der Umwelt außer Acht lassen. Als Folge erhalten wir Rechtsschwierigkeiten, die uns dieses Defizit bewusst machen sollen.

Aufgabe: Überlegen Sie, in welchen Bereichen Sie die Rechte eines anderen verletzt haben könnten und nehmen Sie entsprechende Korrekturen vor.

Warnung: Rechtskonflikte nicht als Hinweis und Ursache des eigenen Ausdehnungsdrangs zu verstehen.

Prinzip: Jupiter.

Resignation

Entsprechung: Hindernisse und Widerstände türmen sich, scheinbar unüberwindbar, auf. Die Tatkraft und das Selbstvertrauen sind von der eigenen Stimmung abhängig. Der Mut verläßt uns, Resignation und Melancholie machen sich breit.

Aufgabe: Lassen Sie Ihre Gefühle aufsteigen und geben Sie ihnen Raum. Falls Sie trauern wollen, trauern Sie. Anschließend analysieren Sie genau die Situation, in der Sie sich befinden. Wer oder was hemmt Sie wirklich? Welche Gefühle lassen Sie nicht zu, welche sind zu übermächtig? Woher kommen die Widerstände, welche Ursachen haben sie? Setzen Sie sich neue klare Ziele. Konzentrieren Sie sich auf das Wesentliche, auf das, was Ihnen wichtig ist. Ihr Gefühl muss mit dem Handeln übereinstimmen.

Warnung: Von den eigenen Gefühlen erdrückt zu werden. Alles zu pessimistisch zu sehen. Sich in der Vielzahl der Möglichkeiten zu verlieren.

Prinzip: Mond/Saturn.

Scheidung
(Siehe Trennung)

Scheitern
(Siehe Fehlschlag)

Schlägerei
(Siehe Gewalt)

Seitensprung

Entsprechung: Wir täuschen unseren Partner oder machen ihm etwas vor. Es gilt, offen seine Gefühle zum Ausdruck zu bringen, miteinander ehrlich umzugehen. Das eigentliche Thema hinter dem Seitensprung zur Sprache zu bringen. Soll es ein Druckmittel sein, um den Partner eins auszuwischen? Spielt Rache eine Rolle? Haben wir unsere Gefühle ausgelebt und zu wenig Verantwortung gezeigt? Wollen wir uns aus irgendwelchen Zwängen befreien? Sobald wir dem Partner etwas vormachen, belügen wir uns auch selbst.

Aufgabe: Was bedeutet der Seitensprung für Sie ganz persönlich? Seien Sie ehrlich und offen. Haben Sie keine Angst vor Ihrem Handeln und den Konsequenzen. Stehen Sie zu Ihren Gefühlen.

Warnung: Andere und sich selbst zu betrügen und zu täuschen. Die Schuld dem Partner zu geben.

Prinzip: Mond/Neptun.

Selbsttäuschung
(Siehe Täuschung)

Sicherheitsdenken

Entsprechung: Vorsichtiges und abwägendes Verhalten kann unter Umständen sinnvoll sein, solange es uns nicht in unserer Entwicklung und Ausdehnung hemmt. Fürchten wir zu handeln, auch einmal spontane Entscheidungen zu treffen, unterdrücken wir ständig unser Gefühl im Bauch, dann sind wir auf dem besten Wege, Opfer unseres eigenen Sicherheitsdenkens zu werden. Die selbst auferlegten Strukturen gewinnen die Oberhand und nehmen uns gefangen. Einschneidende Geschehnisse zwingen uns dann, längst überfällige Änderungen vorzunehmen und zeigen uns auf, dass Sicherheit nur eine Illusion unsererseits ist.
Natürlich dürfen wir auch nicht die Gegenseite einseitig ausleben, sprich ungestüm oder extrem unvorsichtig vorgehen.

Aufgabe: Schaffen Sie die Sicherheiten ab, die Sie in Ihrer Entwicklung hemmen. Hören Sie dabei weniger auf den rationalen Verstand, sondern auf Ihr Gefühl. Diejenigen Strukturen, die Ihnen eine feste Basis im Leben geben, sollten Sie beibehalten.

Warnung: Sich auf angebliche Sicherheiten zu berufen und sich von Ihnen gefangen nehmen zu lassen.

Prinzip: Saturn.

Sieg

(Siehe auch Niederlage)

Entsprechung: Das Ereignis des Sieges und des Triumphes zeigt uns und der Umwelt, dass wir mit unseren Ideen und Vorstellungen Erfolg haben. Wir konnten Hindernisse überwinden und haben uns schließlich durchgesetzt. Durch die Erreichung der gesteckten Ziele erfahren wir eine Ausdehnung unserer Macht, unserer Person.
Und doch fordert ein Sieg uns auf, gemachte Versprechungen einzulösen, einen neuen, harmonischen Zustand aufzubauen. Der Augenblick des Sieges ist schnell verflogen und der Wunsch nach neuen Zielen, nach Zufriedenheit wächst. Geben wir unserem Leben Inhalt und Sinn.

Aufgabe: Lösen Sie alle Ihre Versprechungen ein. Vergessen Sie nicht jene, die an Ihrem Erfolg teilhaben und mit Ihnen gearbeitet haben. Geben Sie ihnen die zustehende Belohnung. Ruhen Sie sich nicht auf Ihren Lorbeeren aus, sondern bleiben Sie agil und schaffen Sie einen harmonischen Zustand.

Warnung: Vor Überheblichkeit und Arroganz. Neider und Gegner bestrafen zu wollen.

Prinzip: Jupiter.

Spannung

(Siehe auch Hindernis)

Entsprechung: Zwei gegensätzliche Strömungen führen zu einem Konflikt und erzeugen eine Spannung in uns. Wir spüren, dass wir den Gegensatz auflösen müssen, um Harmonie zu erreichen. Äußere Widerstände und Schicksalswendungen können diese Spannung in uns anzeigen. Wir werden aufgefordert, den Ausgleich herzustellen und damit den Spannungszustand zu überwinden.
Viele Spannungen ergeben sich z. B. aus dem Gegensatz, einerseits Bewährtes beibehalten zu wollen, andererseits dem Drang nach Erneuerung und Veränderung gerecht zu werden.

Aufgabe: Machen Sie sich bewusst, welche gegensätzlichen Wünsche Sie in sich spüren. Versuchen Sie, einen Ausgleich dieser unterschiedlichen Richtungen einzuleiten und die Spannung zu überwinden.

Warnung: Ständig in einem Spannungszustand zu leben.

Prinzip: Sonne/Uranus und Saturn/Uranus.

Spekulation

(Siehe auch Illusion)

Entsprechung: Dank unserer Fantasie und unserem Gefühlsreichtum glauben wir an die Idee, durch Spekulation eine bestimmtes Ziel erreichen zu können. Für den einen mag dies der Lotteriege-

winn sein, für den anderen, ein waghalsiges Projekt in Angriff zu nehmen. Spekulation setzt voraus, dass wir erstens an uns, an unsere Vision glauben, und zweitens, ein Risiko einzugehen bereit sind. Als Ziel schwebt uns in aller Regel eine Ausdehnung unseres Vermögens oder unserer Person vor Augen.
Geht unsere Fantasie mit uns durch und gaukelt uns eine rosarote Wirklichkeit vor, die es nicht gibt, kann sie uns in die Irre führen. Wir glauben an leichte Gewinne, für die wir nichts tun müssen und die mehr oder weniger *zufällig* auf uns herabfallen. Dies ist eine fatale Einbildung.
Das positive Ergebnis einer Spekulation ist der Verdienst unserer Anstrengungen, auch wenn er von außen noch so willkürlich aussehen mag. Bei der Spekulation handelt es sich also nicht um ein *zufälliges* Glück oder Pech, sondern vielmehr um den verdienten Erfolg oder Misserfolg.

Aufgabe: Bereiten Sie Spekulationen gut vor, indem Sie Ihre Fantasie bewusst für die Erreichung des Ziels einsetzen. Halten Sie Bodenkontakt auf Ihren Höhenflügen.

Warnung: Opfer seiner eigenen Einbildung zu werden.

Prinzip: Jupiter/Neptun.

Stagnation
(Siehe auch Hindernis, Sicherheitsdenken)

Entsprechung: Der Zustand des Auf-der-Stelle-tretens entsteht, wenn wir uns keine Ziele setzen bzw. an deren Erreichung nicht mehr glauben. Starre Strukturen und übermäßiges Sicherheitsdenken haben uns jegliche Bewegungsfreiheit genommen. Sie lähmen unsere Kreativität und Fantasie. Als Folge tauchen auf der materiellen Ebene Hindernisse und Blockaden auf. Sie haben die Aufgabe, uns aus unserer Lethargie und Passivität herauszuholen.

Aufgabe: Setzen Sie sich Ziele. Stimulieren Sie Ihre Fantasie und Kreativität. Unternehmen Sie etwas, was Ihnen Freude bereitet. Kurzum: leben Sie. Reißen Sie überholte Strukturen nieder und brechen Sie aus. Die Widerstände sind leichter überwindbar als Sie denken.

Warnung: Sich mit dem Zustand abzufinden und zu resignieren.

Prinzip: Saturn.

Sterbefall

(Siehe Tod)

Streit

(Siehe Auseinandersetzung)

Sturz

(Siehe Absturz)

Täuschung

(Siehe auch Illusion)

Entsprechung: Ob wir selbst jemanden täuschen oder getäuscht werden, spielt keine wesentliche Rolle. Entscheidend ist, dass wir den Ausgleich zwischen Fantasie einerseits und Offenheit, Ehrlichkeit andererseits finden. Werden wir z. B. von anderen getäuscht, dann bekommen wir durch diesen Vorfall einen Spiegel vorgehalten. Nach dem Motto: "Schau her, du machst dir doch selbst etwas vor." Oft ist die Wahrheit so offensichtlich, aber wir erkennen sie nicht, weil wir die Realität nicht akzeptieren wollen. Lieber flüchten wir in unsere Traumwelt und machen uns etwas vor. Die Täuschung funktioniert nur, solange wir uns selbst belügen.

Aufgabe: Seien Sie ehrlich und offen zu sich selbst. Schauen Sie der Realität ins Gesicht. Hadern Sie nicht mit demjenigen, der Sie betrogen hat, er hat Ihnen lediglich Ihre eigenen Defizite aufgezeigt.

Warnung: Die Schuld dem anderen zu geben. Sich als unschuldiges Opfer zu sehen. In die eigene Traumwelt abzutauchen.

Prinzip: Neptun.

Tod

Entsprechung: Der Tod stellt für mich einen Übergang in ein anderes Leben dar. Somit sind Tod und Geburt eins. Es kommt lediglich auf unseren eigenen Standpunkt an, von dem aus wir das Ereignis betrachten. Verlassen wir ein Zimmer durch die Tür, kommen wir für diejenigen auf der anderen Seite herein. Der Tod herrscht über die Materie, niemand ist dagegen gefeit. Das Sterben und der damit verbundene Übergang in ein anderes Leben ist ein Prozess der Transformation, der irdische Körper zerfällt und unsere Geistseele muss sich den neuen Verhältnissen auf der anderen Seite erst anpassen.
Durch den Tod wird der Mensch auf sein ursprüngliches Wesen zurückgeführt.

Aufgabe: Sich auf den Tod vorzubereiten bedeutet, sich von der Materie zu lösen. Sich auf das Wesentliche zu konzentrieren und sich für die Geburt in ein neues Sein einzustellen. Die Angehörigen sollten vom Sterbenden bewusst Abschied nehmen und nicht versuchen, ihn an ihre Welt zu binden.

Warnung: Sich an das alte Leben zu klammern. Den Tod als endgültiges Ereignis zu betrachten.

Prinzip: Pluto.

Traum

(Siehe auch Alptraum)

Entsprechung: In den wenigstens Fällen tritt ein späteres Ereignis genauso ein, wie wir es im Traum vorausgesehen haben. Jedoch erhalten wir durch die Bilder, die in uns aufsteigen, wichtige Aussagen über unser Gefühlsleben, über verarbeitete und nicht verarbeitete Themen in unserem Leben. Deshalb lohnt es sich, Träume unter die Lupe zu nehmen und zu analysieren. Wenden wir die Methode des analogen Denkens an, fällt uns die Interpretation wesentlich leichter.
Falls Sie sich beim Aufwachen nicht mehr an den Traum erinnern können, sollten Sie nochmals die gleiche Schlafposition einnehmen und versuchen, sich an die Bilder zu erinnern.

Träume sind ein Spiegelbild unserer Seele. Sie sind genauso real oder irreal wie der Wecker auf Ihrem Nachttisch. Denken Sie daran.

Aufgabe: Hören Sie auf Ihre innere Stimme, die in Form des Traumes zu Ihnen spricht. Gehen Sie den Ursachen und der Bedeutung auf den Grund. Lernen Sie aus Ihren Träumen.

Warnung: Träume als unbedeutende, nichtssagende Vorfälle zu interpretieren. Ihnen keine Aufmerksamkeit zu schenken.

Prinzip: Neptun.

Trennung

Entsprechung: Lösen wir eine Verbindung auf, sprechen wir von Trennung. Wir nehmen von jemandem oder etwas Abschied, sei es, dass man sich auseinandergelebt hat oder weil er/es nicht mehr Bestandteil des eigenen Lebens sein soll.
Diese Entscheidung des anderen müssen wir akzeptieren, weil wir die Freiheit des anderen zu respektieren haben. Verstoßen wir dagegen, indem wir zu unlauteren Mitteln greifen, handeln wir den kosmischen Gesetzen zuwider. Partnerrückführungen, die von selbst ernannten Heilern und Meistern angeboten werden, sind daher mehr als bedenklich. Lassen wir ruhig den Partner seines Weges ziehen und freuen wir uns der neu gewonnenen Freiheit.

Aufgabe: Akzeptieren Sie die Entscheidung des anderen und wünschen Sie ihm und sich selbst alles Gute. Führen Sie am besten ein Trennungsritual durch. Verbrennen Sie z. B. ein Foto des Betreffenden, damit die Bande zwischen Ihnen und dem Ex-Partner gelöst wird.

Warnung: Die Verbindung mit allen Mitteln aufrechterhalten zu wollen.

Prinzip: Sonne/Saturn.

Übersehen werden

Entsprechung: Sie werden öfter übergangen oder übersehen? Dann sollten Sie sich Gedanken machen, wie Sie sich der Umwelt gegenüber präsentieren. Haben Sie Ihren eigenen Standpunkt den Mitmenschen klar mitgeteilt? Kennen Sie selbst Ihre Ziele nicht, kann Ihre Umgebung sie erst recht nicht wissen. Häufen sich Vorfälle, in denen Sie nicht wahrgenommen werden, dann sollten Sie überlegen, wie Sie Ihre Person selbst sehen.

Aufgabe: Zeichnen Sie ein Bild von sich und Ihren Zielen. Beziehen Sie klare Positionen und stärken Sie Ihr Selbstvertrauen. Teilen Sie Ihre Meinung der Umwelt unmissverständlich mit.

Warnung: Sich selbst und seine Bedürfnisse nicht wahrnehmen zu wollen. In eine Traumwelt zu flüchten.

Prinzip: Sonne/Neptun.

Umzug
(Siehe Ortswechsel)

Unabhängigkeit
(Siehe Freiheitsdrang)

Unfall
(Siehe Arbeitsunfall)

Unterdrückung
(Siehe auch Erpressung)

Entsprechung: Mit Hilfe von Macht zwingen wir jemanden, etwas zu tun oder nicht zu tun. Wir wenden Energie und unseren Willen auf, um ihn unter Druck zu setzen, damit derjenige so handelt, wie wir es wünschen. Natürlich verstoßen wir hiermit gegen die kosmischen Gesetze, und es ist nur eine Zeitfrage, bis uns die Korrektur ereilt.

Aber auch umgekehrt verhält sich der Unterdrückte zu einseitig. Er läßt es zu, dass Druckmittel gegen ihn verwendet werden, die ihn zu etwas zwingen. Die Unterdrückung kommt dann zum Vorschein, wenn wir uns selbst auf einem Gebiet unter Druck setzen. Zu hohe Anforderungen an uns stellen, die wir nicht oder nur schwer erfüllen können. Es gelingt uns nicht, so zu handeln, wie wir es uns wünschen. Prompt kommt jemand daher, der uns dieses Defizit vor Augen führt.

Aufgabe: Prüfen Sie, in welchen Bereichen Sie sich unter Druck gesetzt fühlen und welche Anforderungen Ihnen Mühe machen. Treten Sie energisch und entschieden in diesen Sparten auf. Versuchen Sie, gegen Sie verwendete Druckmittel aufzulösen, indem Sie offen und ehrlich agieren. Wehren Sie sich, wenn es notwendig ist.

Warnung: Sich von anderen beherrschen zu lassen. Opfer der eigenen Ängste zu werden.

Prinzip: Mars/Pluto.

Urteil

(Siehe auch Gerichtsprozess, Rechtsschwierigkeiten)

Entsprechung: Vermeiden Sie, Urteile über andere zu fällen. Selbst wenn Sie glauben, alle notwendigen Informationen zu besitzen, was im Grunde unmöglich ist, kann das Urteil nur unzulänglich sein. Fordern Sie Ihre Rechte bei Gericht ein, wenn Sie meinen, es sei angebracht, aber überlassen Sie die Ausübung der Gerechtigkeit dem Kosmos.
Sollte ein Urteil über Sie ergehen, das völlig ungerechtfertigt ist, weil Sie z. B. unschuldig sind, so tragen Sie trotzdem eine Mitverantwortung. Vielleicht aus einem ganz anderen Grund, als Sie denken. Diesem sollten Sie unbedingt nachgehen.

Aufgabe: Vermeiden Sie es, Urteile über andere abzugeben. Wird über Sie geurteilt, gehen Sie der eigentlichen Ursache auf den Grund. Fällen Sie keine zu harten Urteile über sich selbst.

Warnung: Sich nur als Opfer zu sehen. Sich über andere zu stellen.

Prinzip: Jupiter.

Veränderung

Entsprechung: Begegnen Sie Veränderungen möglichst offen. Der Versuch, einen Status quo festhalten zu wollen, endet früher oder später mit einem Misserfolg. Sehen Sie in Veränderungen Impulse, die Ihre Weiterentwicklung begünstigen, mögen Sie zu Beginn auch noch so unangenehm erscheinen.

Aufgabe: Stemmen Sie sich nicht gegen den Lebensfluss, sondern tauchen Sie in ihn ein.

Warnung: Alte Strukturen beibehalten zu wollen.

Prinzip: Uranus.

Verbrennung

(Siehe auch Zerstörung)

Entsprechung: Feuer kann uns wärmen, Licht spenden, Aktivität in uns auslösen. Kommen wir ihm aber zu nahe, verbrennt es uns. Wir müssen uns nach ihm ausrichten, aber die nötige Entfernung einhalten. Verbrennungen, auch im übertragenen Sinn, weisen uns darauf hin, dass wir uns zu weit vorgewagt, den Bogen überspannt haben.

Aufgabe: Wählen Sie den richtigen Abstand innerhalb eines Bereiches. Richten Sie sich nach Ihren Zielen aus.

Warnung: Mit dem Feuer zu spielen.

Prinzip: Sonne.

Vergiftung

Entsprechung: Hier geht es darum, dass mit Hilfe der Täuschung, des Betrugs und der Lüge eine Situation geschaffen wird, die ein harmonisches Zusammenleben unmöglich macht. Die Atmosphäre ist vergiftet und die Lage vielleicht verworren. Ereignisse, die im weitesten Sinne mit dem Thema Vergiftung zu tun haben, zeigen an, dass wir oder andere unaufrichtig handeln.

Aufgabe: Gehen Sie der Ursache auf den Grund und überlegen Sie, auf welchen Gebieten und zu wem Sie unehrlich sind, das Klima durch Ihre Aussagen und Handeln evtl. vergiftet wird. Lösen Sie verwirrende Situationen und Zustände auf.

Warnung: Nicht offen und kritisch gegenüber sich selbst zu sein. Sich in Illusionen und Wunschvorstellungen zu verlieren.

Prinzip: Neptun.

Verletzung

(Siehe auch Krankheit, Arbeitsunfall)

Entsprechung: Die Verletzung ist ein mehr oder weniger unerwarteter, schmerzlicher Eingriff in unsere Persönlichkeit. Wir sind in unseren Gefühlen getroffen oder an unserem Körper verwundet. Anhand des betroffenen Körperteils oder des Gefühlsbereichs können wir das entsprechende Thema erkennen, das durch die Verletzung angesprochen wird.

Aufgabe: Betrachten Sie den Bereich und das Thema, das durch die Verletzung angesprochen wird. Machen Sie sich bewusst, ob der Vorfall eine Begrenzung oder einen Angriff darstellt. Ändern Sie sich und Ihre Einstellung auf diesem Gebiet.

Warnung: Die Verletzung nicht als Warnzeichen zu verstehen, sondern als *zufälliges*, unscheinbares Ereignis.

Prinzip: Sonne/Uranus.

Verlust

(Siehe auch Armut)

Entsprechung: Gewinn und Verlust gleichen einem Wellenspiel, manchmal tauchen wir in die Talsohle ein und ein anderes Mal schwimmen wir oben mit der Welle, wie ein Wellenreiter. Verluste treten meistens dann ein, wenn wir uns selbst etwas vormachen. Wenn wir uns beeinflussen und verführen lassen, zur Verschwendung und Spekulation neigen. Oft besitzen wir Schwachstellen, an denen wir besonders verwundbar sind. Einige unserer Mitmenschen besitzen eine sehr feine Antenne hierfür und können das zu ihren Gunsten ausnützen. Machen Sie eine kritische Bestandsaufnahme über sich. Sind Sie z. B. ein genialer aber chaotischer Kaufmann, sollten Sie vielleicht einen loyalen, ordentlichen Buchhalter einstellen. Denken Sie daran, dass der eingetretene Verlust Ihnen etwas bewusst machen will.

Aufgabe: Unterscheiden Sie zwischen Schein und Sein, zwischen Fantasie und Illusion. Erkennen Sie Ihre Schwachpunkte und handeln Sie entsprechend.

Warnung: Verluste als äußeres, *zufälliges* Ereignis zu sehen, das nicht mit der eigenen Person in Verbindung steht.

Prinzip: Jupiter/Neptun.

Verrat

(Siehe Intrige)

Versagen

(Siehe auch Angst)

Entsprechung: Fehlschläge ergeben sich aufgrund von überzogenen Forderungen an uns selbst oder an andere. Tatkraft und persönlicher Wille müssen ausgewogen sein. Sobald wir zu ehrgeizig oder engstirnig vorgehen, besteht die Gefahr zu versagen. Die Tätigkeit und das Handeln müssen unseren Zielen und unserer individuellen Einstellung entsprechen.

Aufgabe: Entspricht die derzeitige Lebensführung Ihren ureigensten Wünschen und Zielen? Bringen Sie das Verhältnis zwischen Durchsetzungskraft und persönlichen Zielen ins Gleichgewicht.

Warnung: Die falschen Ziele zu verfolgen. Nicht die eigenen Bedürfnisse zur Kenntnis zu nehmen, sondern auf die Umwelt zu hören.

Prinzip: Sonne/Mars.

Verschwendung

Entsprechung: Die Balance zwischen Ausgeben und Einnehmen ist gestört. Es wird versucht, durch das Zusammenraffen von materiellen Besitztümern eine persönliche Ausdehnung zu erreichen. Die in der Vergangenheit selbst auferlegten Grenzen werden durchbrochen. Es herrscht ein Überschwang an Emotionen vor, die jegliche Selbstdisziplin vergessen lassen. Echte, innige Gefühle zu sich und anderen lassen sich aber nicht kaufen.

Aufgabe: Leiten Sie rechtzeitig eine Begrenzung ein, nicht nur, was das Ausgeben von materiellen Gütern angeht, sondern vor allem bezüglich der eigenen Gefühlsebene. Der Konsumrausch kann auf Dauer nicht ein fehlendes harmonisches Miteinander kompensieren. Versuchen Sie, in Ihrer äußeren Umwelt Beziehungen harmonischer zu gestalten.

Warnung: Durch massive Verschwendungssucht die Freundschaft anderer kaufen zu wollen.

Prinzip: Venus/Jupiter.

Versehen

(Siehe auch Illusion, Übersehen werden)

Entsprechung: Natürlich können wir dieses oder jenes übersehen. Und doch zeigt es, dass wir die nötige Konzentration und Aufmerksamkeit für eine Sache oder einen Menschen nicht aufzubringen bereit sind. Wir verdrängen diesen Umstand, unser Unterbewusstsein weist uns jedoch darauf hin: "Schau her, du willst bewusst dies nicht wahrnehmen."

Aufgabe: Gehen Sie der Ursache und dem tieferen Sinn des Versehens nach. Greifen Sie das Thema auf, das Sie dabei finden, und setzen Sie sich mit ihm auseinander.

Warnung: Sich keine Zeit für das "Versehen" zu nehmen. Es nicht kritisch zu hinterfragen.

Prinzip: Neptun.

Versöhnung
(Siehe Aussöhnung)

Vertragsabschluss

Entsprechung: Bei einer gegenseitigen Vereinbarung ist es wichtig, dass beide Vertragsparteien sich über die einzelnen Bestandteile und deren Inhalt im Klaren sind. Vermeiden Sie, andere zu hintergehen, sie zu schädigen oder sie in eine schlechtere Position zu drängen. Denken Sie daran, das Gleichgewicht zwischen Geben und Nehmen einzuhalten. Sehen Sie Ihr Gegenüber nicht als Gegner, sondern als gleichwertigen Partner.
Schwierigkeiten vor und während des Vertragsabschlusses deuten auf nicht gelöste Probleme hin. Seien Sie hier besonders sensibel und wachsam, auch wenn es sich scheinbar nur um Kleinigkeiten dreht.

Aufgabe: Sehen Sie die andere Partei als Partner und fordern Sie selbst die Ihnen als gleichwertigem Partner zustehenden Rechte ein. Betrachten Sie genau das Umfeld in Verbindung mit dem Vertragsabschluss.

Warnung: Auf eigene Rechte zu verzichten. Tatsachen nicht ins Auge blicken zu wollen.

Prinzip: Mars/Jupiter.

Verwirrung
(Siehe Chaos)

Vorgesetzter
(Siehe Autoritätskonflikt)

Wettkampf
(Siehe auch Auseinandersetzung, Konkurrenz)

Entsprechung: Ein Wettstreit kann uns motivieren und Energien in uns freisetzen. So gesehen entsteht aus der gesunden Konkurrenz eine neue, dritte Kraft, der wir Impuls und Antrieb verdanken. Artet dagegen der sportliche Wettkampf zu einem Streit, zu Zerstörungswut aus, hat er für alle Beteiligten negative Folgen. Wir haben dann die Balance verloren. Besser, wir verhalten uns fair und aufrichtig, indem wir die Grenzen und Rechte des Konkurrenten respektieren und anerkennen. Ein Wettkampf stärkt unsere Willens- und Durchsetzungskraft und bereitet uns für kommende Auseinandersetzungen und Lebenskämpfe vor.

Aufgabe: Nützen Sie die durch den Wettkampf frei werdenden Energien für sich aus. Achten Sie auf die Rechte der anderen.

Warnung: Mit Hilfe des Wettstreits den anderen zu schädigen. Nur durch den Kampf Antriebskräfte freisetzen zu können.

Prinzip: Mars.

Widerstand
(Siehe Hindernis)

Wohnungswechsel
(Siehe Ortswechsel)

Zerstörung

Entsprechung: Um einen Neuaufbau zu ermöglichen, müssen alte Strukturen aufgelöst bzw. zerstört werden. Ereignisse, die in Verbindung mit Zerstörung stehen, z. B. Vernichtung durch Feuer oder Unwetter, zwingen uns zu einem solchen Neuanfang. Natürlich können wir auch freiwillig Überholtes aufgeben, jedoch halten wir oft zu lange an alten Gewohnheiten fest.

Aufgabe: Starten Sie den Neubeginn. Lösen Sie überholte Strukturen auf. Analysieren Sie, in welchen Bereichen der Neuanfang geschehen muss.

Warnung: Den Neuanfang nicht einzuleiten.

Prinzip: Pluto.

Zurückgezogenheit

(Siehe Isolation)

Zusammenstoß

(Siehe auch Auseinandersetzung, Hindernis)

Entsprechung: Eine von uns ausgehende Energie trifft auf Widerstand bzw. auf eine entgegengerichtete Kraft. Es kommt zu einem Zusammenprall und zu Zerstörung. Der Zusammenstoß weist uns auf die Gegensätzlichkeit der Kräfte hin. Darüber hinaus vermittelt er uns die Kenntnisnahme der anderen Energie. Wir erhalten durch diese zusätzliche Impulse. Vielleicht sogar den Impuls der Umkehr.

Aufgabe: Andere Energien zu berücksichtigen und aufzunehmen. Deren Vereinigung zu verfolgen. Durch die Addition der Kräfte Widerstände zu überwinden oder zu umgehen.

Warnung: Die entgegengesetzte Kraft als Gegner und Hindernis zu erleben.

Prinzip: Mars/Saturn.

Schlusswort

Mein Ziel war und ist es, Sie mit diesem Buch zu motivieren, Ihr Leben selbst in die Hand zu nehmen und sich durch nichts und niemanden abschrecken zu lassen. Ich hoffe, Sie konnten durch dieses Buch Impulse und Anregungen erhalten, die Sie beflügeln und begeistern. Schreiben Sie Ihre ganz persönliche Erfolgsgeschichte und lassen Sie die anderen daran teilhaben.

Alles hat seine Zeit.

Literaturhinweise

Arroyo, Stephen: Astrologie, Karma und Transformation, München, Hugendubel, 1980.
Banzhaf, Hajo: Das Arbeitsbuch zum Tarot, München, Diederichs, 1988.
Dahlke, Ruediger: Krankheit als Symbol, München, Bertelsmann, 1996.
Dahlke, Ruediger und Klein, Nicolaus: Das senkrechte Weltbild, München, Heyne, 1997.
Dethlefsen, Thorwald: Schicksal als Chance, München, Bertelsmann, 1979.
Hellinger, Bert: Ordnungen der Liebe, München, Knaur, 2002
Hill, Napoleon: Denke nach und werde reich, München, Heyne, 1994.
Jehle, Markus: Wenn unten nicht wie oben ist..., Freiburg im Breisgau, Ebertin, 1999.
Leuenberger, Hans-Dieter: Schule des Tarot, Freiburg im Breisgau, Bauer, 1984.

Stichwortverzeichnis

Bitte lesen Sie weiter ...

Anjana Gill

Wie Wünsche wahr werden

Persönliche Wunscherfüllung

80 Seiten, Hardcover,
mit zahlreichen farbigen Abbildungen,
ISBN 3-934254-42-X

Ein mitreißendes Buch darüber, wie wir es im Alltag schaffen, unsere Gedanken zu kontrollieren und unsere Wünsche „wahr werden“ zu lassen.
Das Besondere an diesem Buch ist der klare und logische Aufbau, der ein effektives und freudiges Arbeiten ermöglicht. – eine Art „Gebrauchsanweisung“ – in der Sie Schritt für Schritt die einzelnen, logisch aufeinander abgestimmten Punkte folgen, und schon können Sie sich auf die Erfüllung Ihrer Wünsche freuen: das richtige Haus oder den Partner/die Partnerin für's Leben.

Bertram Wallrath

Das keltische Baumhoroskop (Originalfassung)

Magie und Heilkunde der alten Druiden

160 S., mit zahlr. Abb., brosch., ISBN 3-926374-45-4

Das keltische Baumhoroskop zeichnet menschliche Eigenschaften in ihrer Zuordnung zu unseren Bäumen als faszinierende Alternative zu den uns vertrauten Tierkreiszeichen. Darüber hinaus werden das druidisch-magische Heilwissen und seine Anwendung für den Alltag wiederentdeckt.
Mit zahlreichen mittelalterlichen Rezepten und Abbildungen.

Ava Minatti

Heilung für das Innere Kind

192 Seiten, broschiert, ISBN 3-934254-37-3

Das heile, Innere Kind ist ein Teil in uns, der voller Lebensfreude, Neugierde, Vertrauen und Liebe ist. Wurde es verletzt, agieren wir nicht mehr frei, sondern reagieren ängstlich, trotzig, wütend oder traurig. So finden sich in diesem Buch zahlreiche Botschaften, Anregungen und Übungen aus der geistigen Welt, wie Sie sich von der Identifikation mit Ihren schmerzhaften Erfahrungen lösen und sich auf Ihr heiles Inneres Kindsein einlassen können.

Melissa Bónya

Erotische Düfte &
Sinnliche Räucherungen

160 Seiten, broschiert, ISBN 3-934254-40-3

Melissa Bónya hat für uns in ihrer magischen Schatztruhe gegraben und jede Menge sinnlicher Tips und Tricks zu Tage gefördert.
Erotische Essenzen gegen den Frust in Liebesbeziehungen, lustvolle Massagen, Liebesrituale mit Unterstützung der Planeten und des Mondes, die unbezwingbare Magie der Farben und ihre Wirkung auf Körper, Geist und Seele, Räuchermischungen für sinnliche Stunden zu zweit.
Lassen Sie sich von Melissa Bónya verführen und entführen in das Reich der erotischen Düfte und sinnlichen Räucherungen ...

Sylvia Leela Isani & Christine Janson

Ein Fest der Sinne –
Wohlfühlrituale für jeden Monat

240 Seiten, Großfoßformat . geb. ISBN 3-934254-31-4

Dieses Buch inspiriert vor allem Frauen dazu, ihr Leben sinnlich, phantasievoll, gesundheitsbewußt und im Einklang mit den Jahreszeiten und der Natur zu gestalten.
Jeder Monat seht unter dem Thema einer Göttin, die einen Persönlichkeitsanteil in uns verkörpert. Darüber hinaus sind jedem Monat eine passende Heilpflanze, ein Körperteil, Yoga- und Qi-Gong-Übungen, Naturheilrezepte, Schönheitstips und Kochrezepte zugeordnet.
Ungewöhnliche Rituale, Meditationen, ausgefallene Speisen aus verschiedenen Kulturkreisen, Verwöhn- und Schönheitsrezepte – all dies lädt Sie dazu ein, den Alltag mit größerer Leichtigkeit und Lebensfreude zu meistern.
Und werden Sie schließlich selbst kreativ und schaffen Sie sich „Ihren" 13. Monat!

Gina Hellmann

Mein magisches Rosenbuch

240 Seiten, geb. mit zahlr. vierfarb. Abb.
ISBN 3-934254-33-0

Wußten Sie, daß auch die Rosenliebe durch den Magen geht? Oder man mit einer Rose wunderschön meditieren kann? Oder ein Rosenritual die Liebe neu erblühen läßt?
Also: Lassen Sie sich überraschen und fangen Sie den Sommer und den Zauber der Rose ein – mit der Lektüre dieses Buches, einem köstlichen Rosendessert, einer romantischen Liebesnacht im Duft von Rosen, und, und, und ... Mit vielen Rezepten und Ritualen rund um die Magie der Rose und einer Reihe zauberhafter Bilder, Grafiken und Fotos.

Weisheiten der Liebe

Gesammelt und zusammengestellt von
Stella Maris
52 Karten + Begleitheft in einer Box
ISBN 3-934254-22-5

Worte der Liebe für den Alltag und ein liebevolles Miteinander, von Heine, Goethe, Coco Chanel, Novalis, Hesse, u.v.a.: Als Liebeserklärung, als Botschaft des Lächelns, als Gedanken der Ruhe in der Hektik des Tages, als Zeichen der Versöhnung nach einem Streit ... Für Liebende und alle, die mehr Liebe in ihr Leben bringen möchten:
"Die Liebe ist ein Stoff, den die Natur gewerbt und die Phantasie bestickt hat." Voltaire

Melissa Bónya

Wechseljahre - noch mal durchstarten

Naturheilkundlicher Ratgeber

240 Seiten, A 5, brosch., ISBN 3-934254-53-5

„Jünger werden wir alle nicht", aber man kann durchaus gegensteuern und selbstverantwortlich Gutes für sich und seinen Körper tun.
Die Autorin erläutert, wie frau mit Heilkräutern, Vitaminen, Pflanzenhormonen, der Homöopathie, der richtigen Ernährung und nicht zuletzt mit Liebe, Sex und Sinnlichkeit dem Alter ein Schnippchen schlagen kann.
Ein umfassender Ratgeber mit zahlreichen Tipps und Rezepten aus der Trickkiste der Natur, damit Sie gesund und fit die Chancen dieses neuen Lebensabschnitts nutzen können.

Melissa Bónya

Das Atlantis Orakel

Buch mit ca. 160 Seiten und den 14 Scheiben der Weisheit,
Hardcover, ISBN 3-934254-49-7

„Orakelfans" werden von dieser Neuheit begeistert sein! Die Autorin stellt mit den
„14 Scheiben der Weisheit"ein beeindruckendes Hilfsmittel zur Verfügung, mit dem sich nicht nur künftige Ereignisse, sondern auch Antworten zu Themen aus allen Lebensbereichen finden lassen. Ein praktischer wie interessanter Ratgeber, mit dem es gelingt, die geheimnisvollen Tiefen des menschlichen Unterbewußtseins zu ergründen. Mit diesem Wissen werden Sie der Vielfältigkeit des

Lara Moran

Das Geheimnis der Templer

ca. 192 Seiten, broschiert, ISBN 3-934254-47-0

Eine spannende, mit großer Suggestivkraft geschriebene Geschichte um das Geheimnis des sagenumwobenen Templerschatzes und seine aufregende überraschende Entdeckung. die den Leser in die Welt der Tempelritter entführt.

Lassen Sie sich von Lara Moran zurückversetzen in die Zeit der Kreuzzüge und begleiten Sie jene ersten Tempelritter auf ihrer Suche nach einem Geheimnis, von dem Sie sich in Ihren kühnsten Träumen keine Vorstellung gemacht hätten.

Fantasy-Spannung pur!

Lara Moran

Der Sohn des Elfenkönigs

Ca. 192 Seiten, broschiert, ISBN 3-934254-48-9

Das unglaubliche Abenteuer des fünfzehnjährigen Kevin, das ihn nach und nach, weit über die Grenzen der Realität hinaus, in eine andere Dimension des Seins entführt. In dieser von ELBEN, SIDHE und sprechenden Tieren bewohnten Welt erfährt Kevin schier Unglaubliches über sich selbst und die in ihn gesetzten Erwartungen.

Ein Fantasieroman, in dem es die Autorin Lara Moran mit erzählerischem Fingerspitzen-gefühl und einem wohldosierten Sinn für Spannung versteht, den Leser von der ersten bis zur letzten Seite zu fesseln. Ein Buch, das allen Altersklassen gerecht wird - von 8 bis 80 !

Dion Fortune

Die Seepriesterin

256 S. brosch., ISBN 3-926374-12-8

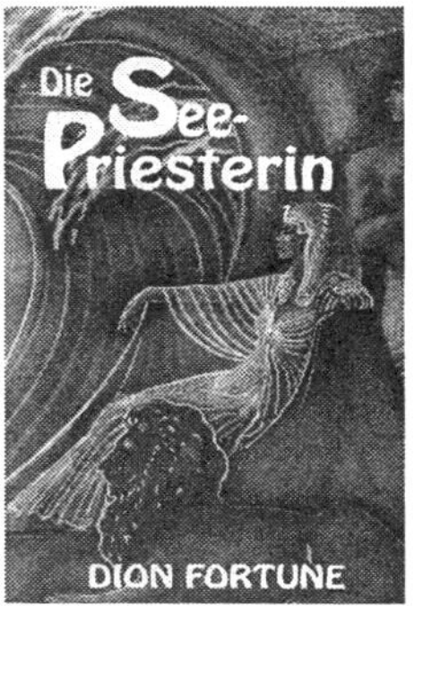

Die Seepriesterin gehört zu den klassischen spirituellen Werken des 20. Jahrhunderts und gilt als einer der schönsten Romane, der je über Magie geschrieben wurde.

Evelyn Felderbach

Das verschlossene Buch

196 Seiten, brosch. · ISBN 3-934254-30-6

Diese überaus spannende Erzählung entführt den Leser gemeinsam mit ihrer Hauptperson in eine Phantasiewelt, in der Magie und Wunder alltäglich sind.
Es ist ein Buch, „Das verschlossene Buch“, das unseren Helden Johannes gefangen nimmt, damit er die Schlüsselfigur im Kampf zwischen Hagan, dem gewaltigen Magier, und Alifa, der liebevollen Prinzessin, zwischen dem Adler von Schloß Ivin und der weißen Taube von Schloß Alcandar, wird. Ein in jeder Hinsicht „zauberhafter“ Roman, der so fesselnd und leicht geschrieben ist, daß ihn wohl die meisten Leser „in einem Rutsch“ durchlesen und die Zeit vergessen werden.

Hermes Schmid

Anthael – Eine Botschaft aus der Zukunft

184 Seiten, broschiert,
ISBN 3-934254-50-0

Anthael ist die Geschichte eines Menschen, der dort weitermacht, wo Jesus aufhören mußte, auch wenn er selbst sich niemals mit jenem gleichsetzt. Doch schließt sich ein Kreis, und Anthael bewirkt durch die Kraft seiner allumfassenden Liebe eine unglaubliche Veränderung in jedem Menschen, der ihm begegnet. Niemand kann sich dieser Berührung zweier Seelen entziehen, die so tief geht, daß es einem Wunder gleichkommt.
Der Erzähler Gregor, zunächst ein Zweifler wie so viele andere, schildert aus seiner Sicht, wie er Anthael begegnet und an seiner Seite staunend und bewegt den Umbruch miterlebt.
Eine Botschaft aus der Zukunft. Wer sie liest, dessen Leben verändert sich.

André Bónya

Die Templer - Gottes erste Ritter

Die Botschaft des Jacques de Molay

224 Seiten, A 5, brosch., ISBN 3-934254-52-7

Lassen Sie sich entführen in die Zeit der Ritter und Kreuzzüge – in die Zeit der Helden und ihrer Ideale.
Der Autor versteht es in seinem Buch meisterhaft, die Jahrhunderte zwischen Ende und Anfang des Templerordens zu überbrücken und den Leser so in jene Zeit der Vergangenheit zurückzuführen, in der alles begann.
Mit einer bewegenden Liebesgeschichte und einem atemberaubenden Schluss.

Elisabeth Dude

Die heilende Kraft der Delphine

176 Seiten mit 16 Seiten Farbfotos, gebunden
ISBN 3-934254-36-5

Die Autorin hat in Key Largo, Florida, die Ergebnisse der Delphintherapie beobachtet, mit Therapeuten und Eltern gesprochen und schildert in einfühlsamer Weise die Arbeit mit den Delphinen und eine Reihe beeindruckender Erfolge dieser Therapie bei behinderten Kindern. Delphine helfen den Kindern, sich zu entspannen und in eine innere Ruhe hineinzukommen, aus der heraus ganz langsam Heilungsprozesse in Gang gesetzt werden können.
Ein Sachbuch über eine vielversprechende Therapie, das aufgrund der persönlichen Erlebnisse der Autorin mit sehr viel Herz geschrieben wurde.

Patricia Monaghan

Mein magischer Garten

Aus dem Amerikanischen übertragen und bearbeitet von Gina Hellmann
240 S. , Großformat . geb. ISBN 3-934254-15-2

Mein magischer Garten zeigt Ihnen, wie Sie einen kleinen unscheinbaren Acker in einen magischen Garten verwandeln können und macht Sie nicht nur mit den praktischen Aspekten, sondern auch mit dem Mythos des Gärtnerns vertraut; verrät Ihnen Tips zur Pflege des Bodens; bringt Gartenrituale und Zeremonien; Meditationen für die Jahreszeiten und die „alten Wege"; hilft Ihnen, Ihren Garten zu weihen; veranschaulicht Pflanzen-Archetypen und -devas; läßt sie den spirituellen Gewinn der Gartenarbeit entdecken; und enthüllt Ihnen schließlich sechzehn phantasievolle Gartenpläne, mit denen Sie den Garten Ihrer Träume schaffen können; u.a. die Einhornwiese und einen Feengarten.

Anjana Gill

Du und deine Engel – ein himmlisches Team

108 Seiten,, Hardcover,
mit zahlreichen farbigen Abbildungen,
ISBN 3-934254-46-2

Für Anjana Gill sind Engel keine heiligen fernen Wesen, sondern unsere Lebensbegleiter, die sich freuen, für uns da zu sein. Sie erklärt in leichten Schritten, wie Sie die Engel in Ihrem Leben integrieren können.
Lernen Sie mit Hilfe dieses wunderschön gestalteten Buches Ihre „himmlischen Mitarbeiter" kennen und verschmelzen Sie zu einem sensationellen Team !
Lassen Sie sich beflüge! It's time for an angel!